臺灣歷史與文化 研究輯刊

十　編

第 8 冊

日治時期台灣勞工文學之研究
——以新文學小說爲中心

柯正毅 著

花木蘭文化出版社

國家圖書館出版品預行編目資料

日治時期台灣勞工文學之研究——以新文學小說為中心／
柯正毅 著 — 初版 — 新北市：花木蘭文化出版社，2016〔民
105〕
目 4+160 面：19×26 公分
（臺灣歷史與文化研究輯刊 十編：第 8 冊）
ISBN 978-986-404-789-5（精裝）
1. 臺灣小說 2. 文學評論 3. 日據時期
733.08   105014938

ISBN-978-986-404-789-5

9 789864 047895

臺灣歷史與文化研究輯刊
十 編 第 八 冊   ISBN：978-986-404-789-5

日治時期台灣勞工文學之研究
——以新文學小說為中心

作　　者　柯正毅
總 編 輯　杜潔祥
副總編輯　楊嘉樂
編　　輯　許郁翎、王筑　美術編輯　陳逸婷
出　　版　花木蘭文化出版社
社　　長　高小娟
聯絡地址　235 新北市中和區中安街七二號十三樓
　　　　　電話：02-2923-1455／傳真：02-2923-1452
網　　址　http://www.huamulan.tw 信箱 hml810518@gmail.com
印　　刷　普羅文化出版廣告事業
初　　版　2016 年 9 月
全書字數　133315 字
定　　價　十編 18 冊（精裝）台幣 36,000 元

日治時期台灣勞工文學之研究
——以新文學小說為中心

柯正毅　著

作者簡介

柯正毅
祖籍台灣雲林
一九七七年生
台北市立師範學院社會科教育學系 89 級
國立台北教育大學台灣文化研究所文學組 97 級
喜好研讀台語、歷史、小說相關書籍。
在研究所的學習中，受到教授的啟發，
特別注重小說中描繪場域與當代社會現況的相互參照性。
現任教於台北市五常國小。

提　　要

　　多數學者在討論台灣的勞工文學時，多以七〇年代楊青矗的文學作為一個起點，而對七〇年代之前的勞工文學方面的研究較為缺乏。尤其日治時期是台灣工業化的起點，但在過往國民政府時期，因為統治立場之故，對於日本在台灣的建設貢獻多半採隱略不提或飲善揚惡的方式來鞏固其統治的正當性。

　　台灣產業發展從農業轉型到工業，奠基的工作是在日治時期，新文學勞工小說的發展伴隨著工業發展與新文學的發展，一九二〇年到一九三一年台共大逮捕期間是台灣勞工小說發展的開端，隨著社會運動的興盛，台灣農民組合、台灣文化協會、台灣共產黨、台灣民眾黨四大社會組織的活躍，在新文學勞工小說的發展上，明顯表現出對殖民者和資產階級的批判性，是文字最尖銳的時期，而發表舞台則集中在以《臺灣民報》系列的報刊上。

　　一九三二年開始到一九三七年《臺灣新文學》停刊與廢止漢文欄為止的第二階段，新文學雜誌紛紛創刊，發表舞台的增加讓一些初試啼聲的文學青年們有了嶄露頭角的機會，而執政者持續加強言論管制，勞工小說的書寫便著重在描寫勞工的生活與困境，為了突顯勞工們的困苦，作家們會刻意將事件描寫嚴重化，有時會稍加偏離時代的真實面。

　　漢文欄的廢止開啟了第三階段文學轉型時期，因應戰爭時期動員體制，日文小說家們在寫作上受到極大的尺度限制，只能書寫帶有希望與光明面的小說，有別於前面兩期的左翼與寫實的勞工小說傳統，批判社會的文字被適應環境的文字所取代，成為這個時期勞工小說的特色。

　　本研究主要是從一九二〇年到一九四五年，透過當時的期刊雜誌及書報，對勞工文學進行整理，並以文學場景來和當時的社會活動及勞工生活進行比對，以期重現這段在國民政府時期不被重視的文學傳統。

謝　誌

　　五年，是一段漫長的歲月，非文學本科出身的我，憑著一股愚勇踏進了這個領域，跌跌撞撞，一路荊棘。擺盪在工作、家庭與課業間，幾度想要放棄，感謝我的母親與太太珮如，一肩擔起家務，讓我無後顧之憂；感謝我的指導教授翁聖峰教授的循循善誘，讓我在幾遇瓶頸中，都能喜見生天，更加成長；感謝許俊雅教授和向陽老師在計畫修正與全文修正時提供許多書寫方向上的寶貴意見，讓我的論文能更見完整；感謝研究所同學品軒、香婷、宜婷、羿彣、羽薇、嘉綿，和你們互相砥礪成長，讓我在學術的路途上不會孤單。感謝老友振男總能在工作上為我補位，感謝老友敬衡伉儷及同事葉憶雲老師技術支援我論文的英譯部分，真的謝謝大家。

　　2008 年我在長子昱辰誕生之際考進台文所，2013 年我又在長女又寧臨盆之時畢業，這也算是另類的有始有終吧！感謝上蒼，讓一切都順利圓滿！

目

次

第一章 緒 論

第一節 研究動機與目的

一、研究動機

日治時期，無疑是台灣現代化的開端。除了領導階層從滿人、漢人、換成日本人之外，現代都市的興起與產業的現代化都發端於此時。而在文學上，文言文的天下出現了白話文的挑戰，漢文的舞台出現了和文的參與。

台灣成為了日本的明治維新後的第一個殖民地，日本政府清查丈量台灣土地，並訂定了「無主地國有」的原則，〔註1〕並於一九一一年四月完成了和日本同步的貨幣法金本位制度。這兩個政策的推動奠定了台灣資本主義化的基礎工程。其後，日本政府持續以「特別補助金」補助台灣財政並作為台灣推動工程與政策的費用，以及引入日本民間資本和驅除台灣的外國資本的方式雙管齊下，加上特別條款「砂糖消費稅移交台灣總督府支用」。〔註2〕在一九一四年度開始，台灣的財政已可獨立，隨後，在隔年的「噍吧哖事件」被弭平之後，台灣才成為有能力回饋殖民母國日本的殖民地。

一九一七年俄國接連爆發兩次革命，最後成就了近代第一個社會主義國

〔註1〕 見明治二十九年（1896）九月二十一日日本敕令「台灣官有森林原野及產物特別處份令」第一條。引自《台灣府報》第16號（《台灣新報》明治二十九年十月四日第三十一號附錄1896／10／04）。

〔註2〕 這個特別條款自一九〇五實施至一九一三年。見東嘉生《台灣經濟史概說》，頁80～81。

家，也讓社會主義隨著革命的成果傳到周遭國家，山川均等人於一九二〇年成立了「日本社會主義同盟」，並創刊了《勞動新聞》、《勞動運動》、《社會主義研究》等報刊，而台灣雖在一九二一年成立了「台灣文化協會」，但直到一九二七年「台灣文化協會」分裂與改組，台灣的社會主義者才有了發言的主導權。

　　陳建忠在《台灣小說史論》第一章中以「差異的文學現代性經驗」爲日治時期的台灣小說史定名。而在當時的報紙期刊中如《臺灣民報》、《臺灣新民報》、《台灣大眾時報》裡的社會議題很多集中下階層，有著不少的關注，其中描述庶民生活的勞苦篇章，尤其是描寫農民及勞工生活的篇章更是字字血淚，在文中，多數受盡剝削與壓迫而無處申冤。日本的「二元統治」讓許多台灣人迫於身分而有志不得伸，日後「皇民化」的推動，卻也不是「文化包容」，而是「文化壓迫」。而除了日本的殖民壓迫外，資本家的壓迫也是造成台灣中下階層生活困苦的主因，「鐵租」與「拼租」讓農民生活困頓，而工業化則讓勞工如同協助機器運轉的零件，勞動的價值則多數爲政府及資本家所有，日治時期農工階層的百姓生活，讓人難以想像〔註3〕，而挺身爲農工階級發聲的新文學家們著實值得敬佩。

　　在日治時期農民文學篇章的部份，已有多位學者研究，而日治時期勞工文學的部份，目前較少專文提及，多數研究者提及台灣的勞工文學，多以七〇年代楊青矗的勞工文學作爲一個起點，而眾多研究也以探討楊青矗及其後的勞工文學家如陌上塵或是李昌憲爲主，而對之前的勞工文學方面的研究則是相當缺乏。筆者希望能把這段歷史及文學篇章整理出來，讓臺灣勞工文學的研究能從七〇年代再向前延伸到日治時期。

二、研究目的與預期成果

　　清政府統治台灣的時間長達兩百一十二年，一八五八年之前清政府對台灣採取較消極的態度，貿易功能較荷西與明鄭時期相較，呈現出較爲保守的狀態；一八五八年因天津條約之故被迫開放了台灣〔註4〕與淡水兩個港口，〔註

〔註3〕　依據《台灣省五十一年來統計提要》（台北，1946年十二月出版），頁871及頁875，以1937至1938年統計，台灣勞工所得普遍日薪皆在2元以下，以家庭收入對照支出而言，每月盈餘多在5元以下，若單以工廠勞工而言，家庭月盈餘不足1元，而同時期同職業別的內地人勞工家庭月盈餘則超過10元。

〔註4〕　今日的台南安平港。

5〕也使得外國勢力正式合法進入台灣，洋行的進駐讓台灣又重新出現加工業興盛的景象。隨後在一八六七年羅發號事件〔註6〕及一八七一年的牡丹社事件〔註7〕促使清政府終於正視台灣的重要性而派了沈葆禎來台，並在其奏請下於一八七五年正式廢止渡台禁令，隨後在中法戰爭後一八八五年清政府終於正式將台灣建立行省，配合著清政府內的「自強運動」推行，台灣成為當時清政府現代化最成功的省份，惜隨後台灣就因清帝國在甲午戰爭戰敗的關係，於馬關條約中割讓給日本。

　　日治初期台灣內部仍擺盪在親日與反日之間，日本內部也有所謂的留台與棄台之爭，最終日本決定留下台灣，官方並大量引進資金投入建設，並推動「台灣總督府特別會計法」，〔註8〕期望台灣日後能自給自足並為殖民母國的日本帶來龐大的經濟效益。〔註9〕台灣經濟發展的主要目標，主要著重在提高農產品或後期工業用品的生產量，以達到供輸日本國內的需求。而這種「為已開發的經濟地區提供原料和廉價的勞工」的邊陲經濟模式，則鮮少考量當地的需求。

　　　　1900 年～1920 年間，台灣的經濟主軸於台灣糖業為大宗，輔以林業及其他加工產業，1920 年～1930 年間則加入了蓬萊米的外銷並開始進行民生工業的機械化。但大體上總督府的策略約仍不脫「工業日本、農業台灣」的方針。1930 年之後，總督府對於台灣的經濟重心則轉為工業化發展為主。1937 後配合南進政策，更喊出了「工業台灣，農業南洋」的口號。日治時期台灣的工業發展到此達到一個高峰。〔註10〕

〔註5〕　隨後在 1860 年的北京條約中，加開打狗和基隆兩個港口。

〔註6〕　美國船員在恆春一帶被原住民殺害，清政府無力處理，最後美國駐廈門領事李仙得與恆春半島十八社首領簽訂了《船難救助條約》，這等於否定了清政府在番地的管轄權。

〔註7〕　有了羅發號事件的前例，1871 年，五十四名琉球漁民因颱風而漂流到恆春半島，被原住民族所殺。日本要求清政府處理遭拒，於是在 1874 年出兵討伐台灣原住民，清政府要求日本撤兵，除賠償軍費外，並被迫承認日本出兵台灣為「保民義舉」。

〔註8〕　見史明《台灣人四百年史（上）》，頁 282，草根出版社，1998 年 4 月初版。

〔註9〕　台灣在 1896～1904 年間經濟上皆須仰賴日本中央預算補貼，自 1904 年末已有「歲入剩餘」，並開始回繳中央，但此時台灣仍受日本「砂糖消費稅」的補助。見東嘉生著，周憲文譯《台灣經濟史概說》，頁 80。

〔註10〕　見東嘉生著，周憲文譯《台灣經濟史概說》，頁 75～93。

本文之主要問題意識是探討日治時期的勞工文學在不同的時期中有何不同面相？日治時期官方爲了殖民母國的需要，投入資本發展工業，傳統手工業的規模擴大了，或是機械化，加上農業剩餘勞力的投入，促使了勞工階級的出現。龐大的族群吸引了文人的關注，然而，在平面媒體上，勞工的地位如何？有關勞工的文學作品比例爲何？這都值得我們關注。這些位於當時社會中下階層的勞工們的生活狀況如何？是否純如我們傳統認知下的日治時期百姓們都過著「極其悲苦的生活」？又或有其不同職業別的面相？這部分我們需要以當時的文本輔以統計資料加以對照，才能得知。筆者以台共大逮捕和漢文欄廢止作爲兩個分界點，勞工在職場的處境及小說場景中的勞描繪有何不同？這是值得討論的議題。

藉由這次的機會，筆者希望能重新整理這個時期的文獻資料。勞工小說是日治時期臺灣新文學小說中的一個重要的描繪角色，但筆者希望能透過文獻資料和文學場景的比對，重新認識該時期的社會面貌，而非全盤去接受如傳統上所說的——「日治時老百姓都過著水深火熱的生活」這些帶有不同意圖的歷史解釋，方能對這個台灣「近代化」的重要時期有更深層的認識。

第二節　文獻回顧與探討

關於日治時期台灣「勞工文學」的研究，極少有全面性的研究，多是「單點式」的研究——作家專人的作品或是某種期刊雜誌的研究，從中再「兼論」勞工議題。尚未有專書對日治時期的勞工文學進行討論，而在期刊或是研討會論文的部份亦僅有二〇〇四年黃慧鳳的一篇〈日治時期臺灣文學中的勞工形象〉[註11]，並改寫後收錄在其專書《台灣勞工文學》的第二章與第三章。[註12]另一篇則是謝美娟於二〇〇九年七月以「農工文學」爲主題所發表的碩士論文《日治時期小說裡的農工書寫——以賴和、楊逵和楊守愚爲中心》，除了將農民文學和勞工文學並談外，主要也僅針對賴和、楊逵、楊守愚三位進行討論。是以若要再進行較全面的研究，勢必要先從日治時期的基本文獻著手，其次，再參酌先行者的專人作品研究。

[註11]　見《台灣文獻》55卷1期（2004年3月），頁239～272。
[註12]　該書原爲其碩士論文，2007年以專書《台灣勞工文學》出版（台北，稻香，2007初版）。

一、日治時期文獻

　　研究的主題是描寫「勞工」題材的「文學」作品，必須先從當時可供發表的報刊與雜誌著手，再參酌相關統計資料與報導加以佐證其文學場景的眞實性。

　　在新文學作品部份，筆者以 1932 年作爲一個分水嶺，1932 年之前主要的新文學發表園地是民報系列，〔註13〕1932 年 1 月《南音》的創刊，開啓了一段文學雜誌的黃金歲月，除了原先的民報系列持續發行外，接續的雜誌如《先發部隊》、《第一線》、《臺灣文藝》、以及 1937 年以前最後一份發行的新文學刊物《臺灣新文學》，在質與量上都有著豐富的作品。

　　除了文本部分，對於時代概況的佐證資料，也是不可或缺的。日治時期發行量極大的官方立場報紙《台灣日日新報》〔註14〕及《台南新報》〔註15〕，可以見證當時日本殖民政府對當時許多事件的態度，反之，左翼思想濃厚的「新文協」機關誌《台灣大眾時報》〔註16〕與《新台灣大眾時報》〔註17〕則提供了見證二〇年代末期另一種思考的視角。

　　《赤道報》〔註18〕、《洪水報》〔註19〕、《明日》、《臺灣文學》等則是三〇年代初具有左翼思想的刊物，惜迄今未完全出土，而其他的左翼刊物如《伍

〔註13〕　包含了 1920 年 7 月創刊的《台灣青年》、1922 年 4 月創刊的《台灣》、1923年 4 月創刊的《臺灣民報》到 1930 年 3 月更名爲《臺灣新民報》等四種綜合性報刊。

〔註14〕　1898 年合併《台灣新報》與《台灣日報》而成，發行至 1944 年 3 月 26 日因應暫時國策而被併入《台灣新報》。

〔註15〕　《臺南新報》是 1899 年由日人富地近思所創，原名《臺澎日報》。1903 年擴充資金後，始改名《臺南新報》，與《臺灣日日新報》、《臺灣新聞》並稱爲日治時期臺灣三大官報。現存部份有 1921 至 1937 年份，已由國立臺灣歷史博物館於 2009 年 6 月復刻出版。

〔註16〕　1928 年 3 月以週刊形式創刊，發行 10 期後便在同年 7 月 9 日受到查禁停刊的命運。

〔註17〕　1930 年 12 月以月刊形式復刊，立場極左，只發行 5 期後便於 7 月停刊。

〔註18〕　1930 年 12 月以旬刊形式創刊，共發行 6 期，是一份關注普羅文學運動的左翼刊物，目前僅出土 2 期，見《台灣歷史辭典》網路版 http://nrch.cca.gov.tw/ccahome/website/site20/contents/007/cca220003-li-wpkbhisdict001286-0412-u.xml。

〔註19〕　1930 年 8 月以旬刊形式創刊，約發行 10 期，該報以農工階級爲基礎並鼓吹民族運動，目前僅出土 2 期，見《台灣歷史辭典》網路版 http://nrch.cca.gov.tw/ccahome/website/site20/contents/009/cca220003-li-wpkbhisdict001905-0585-u.xml。

人報》、《台灣戰線》、《新台灣戰線》目前則僅見刊名，只能從《台灣總督府警察沿革誌》第二篇《領台以後的制安狀況》中卷〔註20〕（以下簡稱爲台灣社會運動史）裡窺見當時出版狀況一二。

　　《台灣社會運動史》在日治時期是屬於內部閱讀的機密文件，在現今諸多文獻尚未出土之際，該書的參考價值頗高，可視爲一手史料。

　　另一重要文獻就是《臺法月報》，該報創刊於一九〇五年，爲當時臺灣總督府高等法院出版，旨在介紹臺灣法令及判決爲主，並作爲引用、考據與研究之用。

　　除上述文獻外，《台灣警察協會雜誌》〔註21〕也是重要的史料，該雜誌於一九一七年創刊，爲研究日治時期警察制度及社會發展的珍貴文獻。

　　大體而言，日本殖民政府在三〇年代初期對左翼知識分子的肅清造成了他們大量進入文藝體系之中，藉由文學書發自己的理想，但隨著最後一份和文漢文並刊的《臺灣新文學》在一九三七年六月走入歷史，七月中國蘆溝橋事件發生，台灣的勞工文學的左翼傳統也暫時劃下休止符，隨後再次展開的勞工文學，已不再是爲中下階層發聲的抗爭文學，而是鼓舞戰爭配合國策的抬轎文學。漢文也不再成爲新文學創作的主流，和文創作正式取代了漢文創作而走上了臺灣新文學舞台的中堅位置。

二、專書、學位論文、單篇論文

（一）探討現代性與社會主義的左翼視角之研究

　　日治時期的勞工文學研究，多半研究者皆從社會主義或左翼文學切入，戒嚴時期對社會主義的研究多半有政治顧慮，故宜從一九八七年七月解嚴後的發表的文章進行討論較爲客觀，最早一篇將日治時期臺灣文學與社會主義相結合的是一九九三年黃琪椿發表的碩士論文〈日治時期臺灣新文學運動與社會主義思潮之關係初探（1927～1937）〉，這是將臺灣新文學與社會主義連結的重要論文。

〔註20〕　該書已中譯並加另名，以《台灣社會運動史 1913～1936》分五冊出版，當年的左翼刊物的出版狀況見卷一「文化運動」的部份。其他包括卷二「政治運動」、卷三「共產主義運動」、卷四「農民、民族革命、無政府主義運動」、卷五「右翼、勞動運動」。（下以《台灣社會運動史》稱之）

〔註21〕　1917～1931 由台灣警察協會發行的機關誌，爲研究日治時期警察制度及社會發展的珍貴資料，是日治時期長期發行且具代表性的期刊。

一九九八年陳芳明出版了《左翼台灣——殖民地文學運動史論》，除了介紹了日誌時期重要的左翼作家外如賴和、楊逵、王詩琅、吳新榮等外，並提出了「左翼文學，就是不折不扣的台灣社會寫實文學」〔註22〕的說法，而陳芳明所說的左翼文學，其主幹指的就是新小說。

二○○○年李文卿發表了碩士論文《殖民地作家書寫策略研究——以皇民化運動時期《決戰台灣小說集》為中心》，除了探討《決戰台灣小說集》的文學內涵外，更針對了編輯及出版意旨進行了分析，是很值得參考的文獻，而筆者則希望能更深入的就其中和「勞動與產業」有關的篇章加以探討。

二○○三年黃慧鳳發表了碩士論文〈「工」在社稷——廿世紀台灣勞工文學研究〉則是第一篇較有系統整理了台灣勞工文學的流變，且明確討論到「日治時期勞工文學」這個主題，並將日治時期的勞工文學定位為「雛形期」，〔註23〕尤其在第四章〈台灣勞工文學雛形期映照的時代論題〉中，他為日治時期台灣勞工的的悲苦處境分析出三種原因：封建殘餘的奴僕、社會轉型下的犧牲、與殖民體制造成的不公，但該篇論文主要焦點仍是聚焦在七○年代及之後的勞工文學。

二○○四年崔末順發表了博士論文〈現代性與臺灣文學的發展（1920～1949）〉，揭示了臺灣文學的發展走向與社會的現代化有密不可分的關係。其在第二章第二節詳細的介紹了社會主義的理論及在台灣的發展，並在第三章第二節介紹了社會主義在文學上的實踐，形成了「左翼」的寫實文學，而第四章第二節與第三節則介紹了文學中關於殖民體制與資本主義對中下階層所造成的迫害。

二○○七年陳有財發表了碩士論文〈日治時期臺灣文學左翼系譜之考察〉，在這篇論文中他明確的接續了黃琪椿的論文觀點，除了在第二章中對左翼文學的發展與流向做了更詳細的討論，更在第四章〈日治時期臺灣文學的左翼創作流向（一）：人道關懷的人物形象塑造〉的第二節「工人角色的塑造」中，對勞工在左翼文學中的角色扮演做了更清晰的陳述。

二○○七年陳允元發表了碩士論文〈島都與帝都——二、三○年代臺灣小說的都市圖象（1922～1937）〉，他除了在第二章探討了台灣二○年代以來

〔註22〕見《左翼台灣——殖民地文學運動史論》（台北，麥田，1998 初版），頁27。
〔註23〕黃慧鳳在其論文第二章第一節詳述了台灣勞工文學的發展和世界左翼思潮的銜接有莫大關係，並在第三章第一節介紹了日治時期勞工文學的代表性作品。

的都市興起歷程,更在第四章中以小說文本對日治時期的「都市化」,在文本場景與現實進行了對照。

二〇〇八年蘇世昌發表了博士論文〈1920～1937 台灣新知識份子思想風貌研究〉,他在第四章第三節中探討了社會主義與勞工運動的關係,並點出了由於民眾意識的抬頭,三〇年代台灣社會運動的傾向,已漸由智識份子擔綱過渡轉向到農工階級等無產者為主力。

二〇〇九年趙勳達發表了博士論文〈「文藝大眾化」的三線糾葛——一九三〇年代台灣左、右翼知識份子與新傳統主義者的文化思維及其角力〉,他完全承認三種台灣知識份子對殖民的抵抗性,〔註 24〕並分別討論三種知識份子在三〇年代對「大眾」文藝的不同視角,更在第四章第三節探討論左翼文學的三個境界:「認識世界、解釋世界與改變世界,」以及就三〇年代的左翼作家楊守愚、呂赫若、楊逵的作品,來對左翼文學的三個境界進行說明。

(二)以雜誌或專人作品的研究

許俊雅在一九九五年二月初版的《日據時期台灣小說研究》中第二章第二節「小說作者之背景分析與創作主題」中,探討了以「職業」主題進行創作的小說作品,並在第三章第三節「譴責日本殖民統治」中以「台人失業之悲」及「農場監督者之淫虐」為標相關小說進行了討論。最後,在第五章中,許俊雅以「女性」、「知識分子」、「醫生」、「農民」為中心進行了日治時期小說中人物形象的探討,這是二十世紀對「日治時期臺灣文學」研究中相當重要的一本開創性著作。

陳建忠於二〇〇一年初發表了博士論文〈書寫台灣,台灣書寫:賴和的文學與思想研究〉,他在第四章與第五章中闡述了賴和文學中的反殖民傳統,第七章第八章則強調了賴和的本土概念與左翼思想,在賴和文學的研究中,這是一本重要的參考著作。賴和的作品可以參見林瑞明所編的《賴和全集》五卷〔註 25〕,而賴和作品及手稿亦完成數位化,是目前日治作家中作品數位化最完整的。〔註 26〕

〔註24〕 前兩種知識子對殖民的抵抗性在此不贅述,而第三種所謂的「新傳統主義者」,乃作者對傳統文人中對現代思想較有彈性,而顯現出維新的文化思維的一批新傳統文人,見序論頁 5。

〔註25〕 《賴和全集》共五卷,分為小說卷、新詩散文卷、雜卷、以及漢詩卷 2 卷,(台北,前衛出版社初版,2000)。

〔註26〕 參見賴和紀念館網頁:http://www.laiho.org.tw/index.php?option=com_content &task＝section&id＝7&Itemid＝44。

　　周佩雯在二〇〇〇年發表了〈楊守愚及其作品之研究——以小說與新詩爲中心〉，對日治時期新文學作家中勞工小說創作最多的楊守愚有了詳細的討論，他在第二章第四節中針對楊守愚小說中的「台語詞彙」及「日語借詞」的使用，有了詳細的討論，這是目前探討楊守愚作品的研究中比較特殊的一本論文。楊守愚的作品目前則以施懿琳所編的《楊守愚作品選集》〔註27〕較爲完整。

　　二〇〇三年趙勳達發表了碩士論文〈《臺灣新文學》（1935～1937）的定位及其抵殖民精神之研究〉，除了敘述了楊逵和張星建兩人的文學路線之爭的癥結，便在於楊逵的《臺灣新文學》希望走的是左翼的、關懷中下階層的文學路線，隱含社會運動思想的路線，而非純文藝、無關民生的文學路線。在其碩士論文中的第四章第二節〈揭破富麗堂皇的假象〉中，就探討了對《臺灣新文學》中描述「經濟不景氣」的主題篇章的敘述描寫。

　　二〇〇八年陳冠宇發表了碩士論文〈王詩琅小說研究〉，「黑色青年」王詩琅於日治時期所發表的小說不多，但在其作品中左翼思想與都市色彩鮮明，有別於其他大多以農民或以情感抒發作爲書寫題材的新文學作家，陳冠宇在第五章《小說流派的呈現》中分別以寫實主義、理想主義、人道主義及無政府主義來解析王詩琅的作品，是相當完整的討論。德馨室出版社及海峽學術出版社分別在一九八〇年及二〇〇三年出版《王詩琅全集》〔註28〕較爲完整。

　　二〇〇九年林銘章碩士論文發表了〈朱點人小說及其文學活動研究〉，其第五章〈朱點人小說藝術技巧之分析〉第一節中探討了庶民勞動階級的形象，朱點人的小說作品如同王詩琅及林克夫等萬華地區新知識分子相同，呈現了明確的都市風貌，並對都市中的小勞動者所受的壓迫表達了同情，並試圖提出反抗，這與大多作家筆下的勞動階級「逆來順受」或是「反抗失敗」的結局不同，朱點人作品中對於勞動階級的處境，賦予著對未來的希望，這是值得注意的特點。

　　二〇〇九年黃秀雲發表了碩士論文〈朱點人及其作品研究〉，則著重在朱點人小說作品中的形象塑造與生長背景的關係，並對於朱點人的文學思想有較深入的剖析。

〔註27〕目前由彰化縣立文化中心出版了四冊，分別爲《楊守愚作品選集》上下集及補遺，以及一本《楊守愚日記》。

〔註28〕德馨室版名爲全集，共 11 卷；海峽版則名爲選集，共 6 卷，主編皆爲張良澤。

第三節　研究方法、名詞釋義與研究限制

一、研究方法

目前關於日治時期的勞工文學研究較少，筆者擬以質性分析中「文獻分析法」（document analysis）作爲本文之研究方法（method）。

> 文獻分析法是指在一定的限度內，透過對蒐集透過對蒐集而來的文獻資料的整理、分類、綜合、比較、歸納與分析的方法。〔註29〕

本研究首先蒐集與主題相符的文獻，再透過文獻分析的方式，從爲數眾多的原始資料（original sources）中、以不同的觀點將文獻加以歸納，文獻整理是研究的第一步驟，再反思與先行研究是否有不同之處，是否可以加以延伸，避免拾人牙慧，最後建構自身研究成果。

筆者選擇傳統、普遍的文獻分析法進行探究的原因，在於以原始資料爲核心，輔以間接資料的引導，方得概覽該問題多方面之向度，使得研究得以客觀論述。本研究以閱讀日治時期相關文獻文本並進行比對爲主，蒐集相關先行者研究之期刊、論文等間接資料加以佐證爲輔，並以比較法將日治時期的相關報導及統計資料與文本進行比較，故文獻分析法對研究者而言爲適切的研究方法。

本文採用文獻分析法，將研究分爲文本研究與歷史研究兩大部分，在歷史研究方面以報導與統計數據爲重點。本文將在參考前人的研究成果上，透過史學、文學的交互參照，藉助統計學的數據，還原這段左翼思想蓬勃而勞工文學興盛的年代，並對作者群的意涵加以解碼。

二、名詞釋義與研究限制

若要研究勞工文學，必須先確立勞工（labor）的定義爲何？在傳統上，多以經濟學家亞當斯密（Adam Smith）的解釋爲主：「廣義的勞工包括一切以體力和心力操作的人，狹義的勞工僅指在近代工廠、礦場、或交通運輸機構以體力換取工資的工人。」對此，陳國鈞加以申論：

> 後來許多學者都根據斯密氏的解釋，而稍加補充，仍對勞工有狹義很廣義之分：稱狹義的勞工，爲指以體力勞動換取工資，以維持生

〔註29〕 孟樊，《論文寫作與方法》（台北：威仕曼，2009），頁100。

活的人；廣義的勞工，則指受僱於人換取工資或報酬，以維持生活
的人，無論爲固定受僱於人或者隨時供人役使的人，包括一切以體
力及智力勞動的人在內，均可稱之爲勞工。〔註30〕

本研究是以二十世紀的二〇和三〇年代作爲研究背景，理應從當時的職業分
類進行判讀：「何謂勞工？」在昭和八年（1933）的《國勢調查結果表》〔註
31〕中可以得知在當時的十大類中，從事第四大類「工業」下的中職業類別有
14種〔註32〕，筆者參酌台灣現行的「勞動基準法」第三條關於相關適用者的
七種職業類別〔註33〕，兩者主要差異在於現在法規比起日治時期，多了第一
大類的農業、第二大類的水產業、第三大類的礦業、以及第六大類的交通運
輸業。

在本研究中筆者採取廣義的解釋，凡是屬於付出勞動以獲取報酬者均屬
於本文所討論的勞工，如《國勢調查結果表》中的第二類「水產類」、第三類
「礦類」、第六類「交通類」、第七類「公務、自由類」、第九類「其他類」等。

此外，以時代背景而言在三〇年代曾有過一波經濟大恐慌的浪潮，而失
業問題也是本文所討論的範疇，若是文中涉及失業而轉職者皆列入討論。

由於日治時期許多中下階層家庭都有兼職的情形，在此筆者也依勞動基
準法施行細則第六條〔註34〕的範疇內從寬解釋，除一般勞動外，另有兼職以
獲取雇主報酬者，也列入討論範疇。

關於勞工文學的範圍，在界定上可以分爲狹義的身分說與廣義的題材說。

〔註30〕 見陳國鈞《勞工問題》，三民書局，台北 1997 年 8 月修訂五版，頁 1～2。
〔註31〕 見《昭和五年國勢調查結果結果表》，臺灣總督官房臨時國勢調查部編，（昭
和 8〔1933〕出版），頁 6～11。
〔註32〕 分別是窯業與土石加工、金屬工業與機械造船搬運器具製造、精巧工業、化
學製品製造業、紡織業、裁縫業、紙業與印刷業、皮革及骨羽毛製品加工、
木竹草蔓相關製造業、鹽業、食品加工業、土木營建業、瓦斯水電業、其他
技術業。
〔註33〕 分別爲農林漁牧業、礦業及土石採取業、製造業、營造業、水電及煤氣業、
運輸與倉儲及通信業、大眾傳播業、其他經中央主管機關指定之事業。
〔註34〕 而在勞動基準法施行細則第六條中，也對所謂非長期性工作有明確規範：一、
臨時性工作：係指無法預期之非繼續性工作，其工作期間在六個月以內者。
二、短期性工作：係指可預期於六個月內完成之非繼續性工作。三、季節性
工作：係指受季節性原料、材料來源或市場銷售影響之非繼續性工作，其工
作期間在九個月以內者。四、特定性工作：係指可在特定期間完成之非繼續
性工作。其工作期間超過一年者，應報請主管機關核備。

狹義的身份説是指具有勞工身分或相關者所創作的文學作品，而廣
義的題材説則是指創作出來的文學作品是以描繪勞工生活爲主軸的
作品，而不區分創作者的身分別。〔註35〕

日治時期的作家中除一部分是以本名發表外，有不少人是同時以筆名發表，
而這些以筆名所發表的作品除了一部分在日後被辨別出本名外，有許多作品
無法考證其作者身分，成爲所謂的「一作作家」，因此我們若以「身分」來作
爲討論範圍有其困難，也稍嫌侷限，故在本研究中所指的「勞工文學」採取
廣義的題材説作爲取材的標準。

　　本研究是以「勞工」這個職業爲主題切入文學篇章，探討的對象是當時
尙爲主流的台灣人書寫中的勞工群像。台灣勞工雖是新興族群，但在社會的
地位中，卻仍是屬於中下階層，在面對資本家的壓迫之下，無可避免必定會
與社會運動有所牽連，而其中最主要的就是和社會主義者的結合所產生的工
會組織與罷工抗爭。

　　在當時的世界局勢中，除了甫成立不久的蘇維埃社會主義共和國聯邦是
以工農兵等的無產階級組成的政府外，其他的政治實體都是偏右翼的保守勢
力，雖然蘇俄無產政權的出現鼓舞了全世界的左翼知識份子，但也必然的受
到了保守與資本勢力的打壓。在日本，田中內閣便主導了一九二八年的「三
一五大逮捕」與一九二九年的「四一六大逮捕」，將日本的主要共產黨份子進
行了肅清，而在台灣，左翼份子也幾乎同步的受到壓制。〔註36〕

　　從一九二五年十月開始的九份左翼刊物〔註37〕，包括《七音聯彈》、《台
灣大眾時報》、《新台灣大眾時報》、《伍人報》、《明日》、《洪水報》、《台灣戰
線》、《赤道報》、《新台灣戰線》，皆動輒遭禁，其中除了《台灣大眾時報》、《新
台灣大眾時報》目前已經出土，其餘六種刊物多只能看見殘篇，甚至只存其
名，即使尙存的其他並非純左翼的刊物，也在嚴格的出版品審查制度下無一

〔註35〕關於「勞工文學」的定義，筆者酌參黃慧鳳《台灣勞工文學》中的定義並加
　　　　以延伸，原文見該書頁4～5。

〔註36〕見盧修一《日據時代台灣共產黨史1928～1932》，（台北，前衛，2006年4月
　　　　初版四刷），頁139～140。

〔註37〕目前所見最早的左翼刊物是1928年新文協的《台灣大眾時報》，但據林瑞明
　　　　在《日本統治下的臺灣新文學運動——文學結社及其精神》（台北，文訊雜誌
　　　　1987年四月號）所述，1925年10月張維賢、張乞食等人聯合無產青年組成
　　　　了「台灣藝術研究會」，並發行了《七音聯彈》，這是新文學運動中第二份白
　　　　話文學雜誌，也是第一份左翼文學雜誌，見頁39～40。

　　倖免。文學的創作，有著作者的熱情與理論中心，在相關的理論中心及文學作品所刊載的雜誌未完全出土，研究上必定會有所限制，只能據現有資料府以統計資料加以推論檢驗，但仍無法做確切認定。

　　關於新文學勞工小說的研究，我們只能從倖存的篇章中，感受到被殖民與被剝削的悲情，然而是否有「光榮結局」的篇章存在呢？仍舊有待相關文物的出土來加以檢驗。

第二章　新文學勞工小說的萌芽
（1923～1931）

　　一八九四年的日清戰爭中，清帝國戰敗，並在外交斡旋失利下於一八九五年在日本的下關（又稱馬關），日清雙方代表簽訂了合約，正式將台灣割讓給了日本。台灣，自此離開清帝國統治，成為日本的第一個殖民地。

　　台灣人從最初的一八九五年「台灣民主國」開始持續以武力反抗日本的統治，到一九一五年最後一次大規模的平地武裝抗日「西來庵事件」為止，二十年間的反抗並未撼動日本的統治，相反的，日本總督府體認到台灣不能純以武力壓制，尤其是兒玉後藤體制下著名的「後藤三原則」[註1]的治理方針下，以此採用「糖飴與鞭」的兩手策略，一面以嚴刑峻法對待異議人士，另一方面致力於建設台灣經濟。台灣傳統領導階級逐漸體認到武力反抗的無力，逐漸轉為尋求體制內共存。

　　一八九五年七月，日本就開始在芝山巖的文昌祠及開漳聖王廟中設立學堂教授日語，並逐步推展到全島各重要都市。至一八九六年在台北設置了「台灣總督府國語學校」，一八九八年更將這些日語學堂（國語傳習所）改為「公學校」，鼓勵台灣士紳階級的子弟離開傳統私塾，轉而接受日式「新式教育」。

　　台灣逐漸現代化之下，文學的發展也日益蓬勃，經歷了新舊文學論爭之後，雙方分道揚鑣。新文學開始進入了文壇之中，由於好讀易懂，逐漸成為

〔註1〕　後藤新平認為：一、台灣人貪生怕死，得用高壓手段威脅。二、台灣人貪財愛錢，可用利益誘惑。三、台灣人非常愛面子，可用虛名攏絡。見黃旺成〈後藤氏的治台三策〉，（《臺灣民報》第145號，1927年2月20日），頁14～15。

一種風潮,各種以白話文做爲書寫方式的作品也逐一出現,左翼思想的流行也促使知識分子將關注焦點集中到了勞動階級之中。而二○年代末期由美國引發的經濟大恐慌影響到了各地,台灣也無法避免波及,造成了相當程度的經濟衰退與失業潮,這個事引起了文學家們的專注。本章所要探討的,就是教育及社會運動所引發的文學關注,尤其是勞動者文學,包含了因農業勞力過剩而投入了工業以及其他產業以求溫飽的新文學小說。

第一節　一九二○年代 [註2] 台灣教育及社會運動

一、日治時期台灣教育的發展與知識份子的養成

　　乙未割台後,除了台人有反抗之心外,日本政府也對台灣的棄留,進行了辯論。一部份人主張台灣未開化,留之無用,反多花費;另一派人認爲要保留台灣並加以建設,日後台灣必可位日本帶來利益,並成爲日本殖民政策之典範。最後台灣被日本政府保留下來,成爲日本的第一個殖民地。

　　領台之初,首要之務就是鎮壓臺灣民間的反日勢力,迄第三任總督兒玉源太郎上任後,任用後藤新平爲民政長官,而在兒玉源太郎本人在日本中央政壇身兼諸多職務而不常在台灣的情況下,台灣實質上的領導者就是後藤新平。

　　在台灣舊慣、土地,與戶口的調查,爲台灣的文化、風俗、民情、律法留下重要的紀錄;而土地及戶口調查的全面與精確,不但成爲日本殖民統治與建設的重要基礎,其影響甚至延續到戰後國民政府在台灣的施政。

　　在產業上,後藤新平選定了在台灣原本就有基礎的糖業,引進新式製糖技術、經營模式,以及大量資本,促使台灣糖業蓬勃發展。並大力推動鐵路、海港、公路等交通建設,至一九○四年(明治 37 年),台灣財政大體已可自主。

　　除了硬體上的現代化建設之外,日本政府在軟體上的推動也是十分積極。在接收台灣的同時,日本國內也開始積極的討論如何建設「日本第一個殖民地」台灣。一八九五年日本著名的教育家伊澤修二發表了《台灣教育意見書》,主張以免費的義務教育來推廣日語,以促使台灣能逐漸脫離清帝國的

〔註 2〕指西元 1920 年到 1929 年間,本章以下行文提及此年代,皆簡稱爲二○年代。

文化習氣，使日本政府能進行更快速有效的統治。此一說獲得了台灣總督府的賞識，伊澤修二也受邀到台灣擔任總督府的學務部長。〔註3〕

　　同年七月日本政府在台北芝山巖的開漳聖王廟及文昌祠成立日語學堂免費教授日語，隔年四月起也在台灣成立了十五個國語傳習所，除了台北地區三所外，基隆、新竹、苗栗、台中、鹿港、雲林、嘉義、台南、鳳山、恆春、宜蘭，以及離島澎湖，都成立了傳習所，其範圍幾乎涵蓋了當時台灣所有的主要都市。除了初等教育的國語傳習所之外，同年並且也在台北設立了三到四年制的「台灣總督府國語學校」，並計劃以此培養師資，以逐步擴大推動日語教育。伊澤修二雖然在台灣擔任學務部長的時間不長，但他為總督府規劃的教育方針成為了日治初期台灣總督府的教育政策方向。一八九八年總督府將國語傳習所改制為公學校，一八九九年起總督府又陸續成立了「台灣總督府醫學校」，並在國語學校內增設「實業部」，陸續擴充各種專業學校，有計畫的培養可供推動建設的各方面實業人才。

　　惟日台有別，在台日人的教育政策依日本內地法規而行，台灣人則依循總督府法規而行，在各方面的限制以及教育內容的深淺度上都不同，這也是日治時期台灣人將子弟送往日本或其他國家留學的主因。

　　隨著「內地延長」及「同化政策」的聲音出現，台灣總督府於一九一九年一月頒布了第一次的「台灣教育令」，確立了包括初級、中級、高級，乃至於職業學校等不同的台灣學制制度。一九二二年則頒佈了第二次的「台灣教育令」，取消中等以上學校的內台名額限制，但由於初等教育階段的內台小學校公學校隔離就學制並未取消，學生程度仍有一定的落差，是以第二次的「台灣教育令」的「內台共學」精神，事實上反而較隔離學制時更對日本人有利。也因此，留在台灣就學的台灣人子弟礙於經濟壓力，只能集中在專收台灣人的學校如醫事類科教育類科等實業科目，經濟狀況較佳的多半就安排子弟出國留學，留學的國家則以日本和中國為最大宗。值得注意的是，日後在台灣島內帶領著各種運動及引進外國思潮的人也多半是這些人，除了留學生外就是醫生或師範生出身的人。

　　在一九一五年西來庵事件後，台灣傳統領導階級們已體認到日本政府的

〔註3〕　伊澤修二在台灣的時間約三年左右，建立了台灣現代學制的基礎。其簡歷可參見維基百科〈伊澤修二〉詞條，http://zh.wikipedia.org/wiki/%E4%BC%8A%E6%BE%A4%E4%BF%AE%E4%BA%8C。（最後瀏覽 2012.04.11）

統治已然穩固，推翻日本統治已不太可能，便逐漸接受了日本成爲台灣的主人這個事實，將焦點轉向到如何和日本人共存並獲取最大利益。

一九一七年俄國接連爆發兩次革命，最後成就了近代第一個社會主義國家，也讓社會主義隨著革命的成果傳到周遭國家，接著一次大戰結束，一些戰敗國釋出殖民地成爲必需要解決的問題。美國總統威爾遜（Thomas Woodrow Wilson）提出了包含「民族自決」在內的「十四點和平原則」作爲處理原則，其中民族自決一項，在於倡導各民族有決定自身命運的權利，可以使用自己的語言，可以選擇自己的生活方式，並保有自身固有的風俗習慣，而其他民族不能任意干預或包奪其權利，可惜這個理想的理論最後並未完全實現，〔註4〕但這個原則成爲了日後國際間各民族及各殖民地爭取獨立的重要指標。

隨著一次大戰後帝國瓦解後掀起了民主風潮，在日本本土也出現了所謂的「大正民主」風，〔註5〕一九一八年九月原敬內閣的出現打破了藩閥輪治的局面，原敬也成爲日本史上第一個沒有爵位的首相。一九一九年朝鮮發生三一獨立運動，日本本土開始討論殖民地的統治問題，台灣也和朝鮮一起成爲社會輿論討論的對象，有同化之聲，也有自治之聲。留日的台灣留學生們對自治的可能感到振奮，其中，蔡培火等人便開始著手計劃「台灣議會設置請願運動」取代民族自治的較激烈言論，以避免探到台灣總督府的界線。從一九二一年起迄一九三四年「台灣議會設置請願運動」共提出了十五次，成了台灣右翼人士追求自治的重要依靠。

日本政府在台灣推動了現代化教育及經濟建設，而伴隨而來的就是貧富差距拉大的問題，在《台灣青年》上曾經有過這樣一篇文章〈研究救恤貧乏問題〉，批判了日本殖民政府在推動台灣建設，瓦解傳統社會之際，附帶產生的社會問題：

> 其細民之致貧也。無他。迄因無資可以生活。無文可以讀書。雖營營終日。尚不得保暖一身。纔能渡此殘生。照此看來。何能仰足以

〔註4〕 戰勝國僅接受該原則適用於戰敗的鄂圖曼土耳其帝國、德意志帝國、奧匈帝國，且各有特例，並未秉持公平原則處理，而帝國領土外的地區（殖民地）則另移至會議討論；如中國的山東問題，會議上竟同意日本全權繼承德國在山東的權利，無視於中國也是戰勝國一員，中國代表憤而拒絕簽字並退席抗議，在中國境內也引爆了「五四運動」。

〔註5〕 泛指 1912～1926 年間日本推動的一連串包含普選等開明政策，對台灣影響較大的則是總督改爲文人總督，允許成立台灣文化協會、台灣農民組合、台灣工友總聯盟，並允許台灣議會設置請願運動的活動。

　　侍父母。俯足以蓄妻子者乎。萬萬不能的事。且社會制度。傾重其
　　資本家。因此受苦雖深。難以反抗。可見非細民怠慢不勞利之因故。
　　乃周圍事情之所使然也。其必曰。非細民之罪。眞是社會組織不良
　　之罪孽也。〔註6〕

所謂「周圍之事」是什麼？就是日本殖民資本主義帶來的改變，如資本家對
農民產品不合理的收購價、對工人不合理的工時之壓榨，工業化帶來的傳統
手工業的衝擊，機器取代人力造成的失業。本文發表於一九二一年，呼籲執
政當局要有所行動，或許政府並沒有聽到，但他文中所寫的景象，卻不幸的
一語成讖，成了一九三七年以前臺灣新文學中勞工文學中的主流，一種以寫
實手法敘述著悲情的勞動小說。

二、二〇年代的社會運動

　　台灣人的社會運動組織，最早是一九一四年十二月廿日在台北成立的「同
化會」，發起人是林獻堂、蔡培火等人，他們的希望是「務期（內台）互厚親
睦交際，以謀渾然同化，奉答一視同仁之皇猷爲目的」〔註7〕的一股信念，可
惜成立月餘便被總督府以「妨害治安」之名而於一九一五年一月廿六日宣告
解散。他們除了發表宣言外，幾乎未及有任何活動便被宣告解散了，只能說
在歷史上開了先聲。其後，一九一九年接踵成立的「聲應會」和「啓發會」，
活動時間也都非常短暫，但接續出現的組織代表著台灣人已開始思考著用何
種方式來改善台灣的社會環境。

　　一九二〇年旅日留學生林呈祿和蔡惠如等人將原先的「啓發會」改組爲
「新民會」，並推舉林獻堂爲會長，舉著「考究台灣所有應予革新事項，圖謀
文化之提高爲目的。」〔註8〕的大旗，確認未來的兩大目標，包括了「六三法
撤廢運動」及「台灣議會設置請願運動」外，並在台灣本土士紳們的資助下，
成立了「台灣青年雜誌社」，發行機關誌《台灣青年》作爲發聲管道。

　　《台灣青年》定位在台灣人喉舌的刊物，在〈發行趣意書〉中展露無疑：
　　　然當此世界改造良好機會之際，竊思我們爲求身心的和平，應當勉

〔註6〕見《台灣青年》第2卷第4號，漢文部頁17，1921年5月15日。原文標點
　　　只有句號，此處依原文不做變更。
〔註7〕見王詩琅譯、張炎憲、翁佳音合編《台灣社會運動史——文化運動》，頁29，
　　　（台北，稻香，1988）。
〔註8〕見王詩琅譯、張炎憲、翁佳音合編《台灣社會運動史——文化運動》，頁45。

力掃清這不安和疑惑，同時眞正求取台灣的文化生活不可。〔註9〕

　　祇秉犧牲與奮鬥的兩大精神，於此與我敬愛的同胞青年堅決攜手，步調一致，爲啓發我島的文化，計畫自本月起創刊題爲「台灣青年」的雜誌。〔註10〕

一九二一年五月《台灣青年》二卷四號刊出了蔡富春的〈研究救恤貧乏問題〉點出了勞動問題；一九二二年四月《臺灣青年》更名爲《台灣》繼續運作，一九二三年六月編輯部翻譯轉載了佐野學〔註11〕一篇發表在《改造》雜誌上的文章〈弱小民族解放論——社會主義和民族運動〉，對於勞動者與無產階級運動做了介紹。

　　因有產階級的搾取世界市場，……消費就有世界主義的性質。所以傳統的國民產業就要破壞，國民的產業，地盤崩壞。爲復古者大悲嘆的種子。因爲嘗爲地方的，國民的勞働者底鬥爭，遂準著這形勢帶著國際的性質。無產階級的運動是，最近世產業的產物，所以因近世產業的世界化，勞働者底運動，亦成世界的。又所以產生出「勞働者不有祖國」，萬國的無產階級需團結的結論。〔註12〕

佐野學在該文中也明確點出台灣勞働者的狀況作爲例子，「例如台灣的農民成爲砂糖勞動者。或在，新設的工場做賃銀勞動者受極度的搾取。最受搾取的悲慘就是青年的勞働者。……在各國殖民地的勞働者的生活都很悲慘，其賃銀好比丐子一樣的低廉並且其無制限的勞動時間，遂使他們八成以上的大多數要徘徊於生活飢渴的歧路。」〔註13〕顯現出在二〇年代台灣的勞動環境已然從傳統社會逐步資本化，而接連這兩篇文章的作者分別爲台灣人及日本人，也證明了台灣的勞動問題已經是一個不容忽視的問題。

　　一九二一年十月十七日林獻堂和蔣渭水、林呈祿、連溫卿、蔡培火、李應章等人在台北大稻埕成立了「台灣文化協會」，作爲一個啓迪台灣民智的組織，以演講、戲劇、讀報等方式在台灣各地推動文化活動。

〔註9〕　見王詩琅譯、張炎憲、翁佳音合編《台灣社會運動史——文化運動》，頁51。

〔註10〕　見王詩琅譯、張炎憲、翁佳音合編《台灣社會運動史——文化運動》，頁52。

〔註11〕　佐野學（1892～1953），日本社會主義運動家，曾於昭和初期任日本共產黨（非法政黨）委員長，詳見維基百科 http://ja.wikipedia.org/wiki/%E4%BD%90%E9%87%8E%E5%AD%A6。（最後瀏覽 2012／0717）

〔註12〕　見《台灣》第四卷第六期，頁66，1923年6月10日。

〔註13〕　見《台灣》第四卷第六期，頁69，1923年6月10日。

一九二三年四月一本全中文的刊物《臺灣民報》在東京創刊，而《台灣》雜誌也在《臺灣民報》日漸壯大後逐漸廢刊，《臺灣民報》遂取代了《台灣》成為了幫台灣人發聲的重要刊物，也成了台灣文化協會推廣新知的重要管道。《臺灣民報》的重要性從發行狀況可見端倪，從初期的半月刊（1923 年 4 月 15 日～）到旬刊（1923 年 10 月 15 日～），到週刊（1925 年 7 月 12 日），發行時間的縮短象徵了刊物的茁壯，而為了避免政治的麻煩，在旬刊時期也酌量加入了日文。一九二七年《臺灣民報》以增加日文版的方式獲得總督府的同意准以週刊的方式回到台灣發行，使《臺灣民報》的時效性大為增加，對台灣的影響力也與日俱增。

一九二四年四月十一日《臺灣民報》二卷六期的社說〈改換糖業政策的急務（需撤廢採收區域、買收價格要和農民定協）〉一文中，便對會社單方決定價格及政府強迫農民種植以供會社收購一事提出批判，並提出了警告。

> 倘若不趕緊改換方法，將來蔗農覺醒起來的時候，一定大不滿意，那時必定對會社會生出大反抗了。略陳數言以作當路的參考，並希望速為改換舊來的政策，以調和蔗農和會社永久的利益了。〔註14〕

一九二四年七月廿一日《臺灣民報》二卷十三號刊出了一篇探討勞農問題的專論〈臺灣勞農問題一面觀（一）〉，一開頭便對世界局勢及當時台灣的勞動問題提出看法。

> 二十世紀確實是解放的時代。試看勞農階級對資本階級的解放運動、女士對男子的解放運動、和被統治民族對統治民族的解放運動，未曾有比較現代更昌盛而且激烈的。所以這個勞働問題婦人問題民族問題，可說是廿世紀的三大問題了。……台灣的現在還沒有發生出什麼運動，這個不曉的是在台灣勞働者全然沒有受了資本家的刻薄？或是因為勞働者沒有知識還團結力所致的呢？……〔註15〕

一九二四十月一日《臺灣民報》二卷二十號再度刊出一篇評論〈論蔗農組合設置的必要〉，但官方及廠方回應不大。

一九二五年一月十一日《臺灣民報》三卷二期刊出了「二林大城之兩庄民奮起組織蔗農組合」及文化協會成員李應章「二林庄講演農村問題」的消

〔註14〕 見《臺灣民報》二卷六期第一版，社說〈改換糖業政策的急務（需撤廢採收區域、買收價格要和農民定協）〉，1924 年 4 月 11 日。

〔註15〕 見醒民〈臺灣勞農問題一面觀（一）〉，《臺灣民報》二卷十三號第四版，1924 年 7 月 21 日。

息，〔註16〕，同日「時事短評」欄也出現了台北赤十字社病院看護婦提出待遇改善的要求〔註17〕，「不平鳴」欄也出現了蔗糖會社社員「實磅九千三百斤，乃詐八千三百斤」〔註18〕，被當場捉獲，竟只以社員「眸子眊爲一時失誤」賠禮了事。時值一九二五年初，預告了這一年將是台灣民眾爭取自身權利重要的一年；但同時期台灣官方最大的報紙「台灣日日新報」關於勞農問題的報導，就顯得平和許多，甚少提及勞農糾紛問題，〔註19〕即使出現糾紛也都「圓滿解決」。

據《台灣社會運動史》〔註20〕所記，一九二三到一九二四年蔗農爭議事件共計九件，參與人員約一千七百零七人，但一九二五年發生了十二件，參與人數多達五千兩百九十人〔註21〕，可知爭議事件的規模可說是相當大。而引爆點就是一九二五年的「二林事件」。

前一年一九二四年在彰化溪州的林本源製糖工場因收購價訂的比相鄰區域低而引發糾紛，四月時當地二林庄長林爐與另一名代表許學，被五百名蔗農推舉爲談判代表，要求公司支付「臨時補發金」。出乎意料的是北斗郡守認爲蔗農的要求是合理的，並在雙方數月僵持不下的情況下，於十二月時出面調解，最後工場決定支付每甲五元的補發金〔註22〕，這起成功刺激了全島的蔗農，成爲後續連串要求提高蔗價運動的開端。

一九二五年六月廿八日四百多名蔗農成立了「二林蔗農組合」，並於十月對工場方面提出了交涉，但未獲資方回應，勞方於是在文化協會成員李應章等人的建議下，採取阻擾收割的行動做爲抗爭手段。公司方面向北斗郡警察課申請「適當的取締」，未料雙方發生衝突，多人被捕。

〔註16〕 見《臺灣民報》三卷二期第三版「臺灣近情」欄，1925 年 1 月 11 日。

〔註17〕 見《臺灣民報》三卷二期第八版。

〔註18〕 見《臺灣民報》三卷二期第十五版。

〔註19〕 以「蔗農」爲關鍵字查詢 1920 年初～1924 年底，共計有 19 則新聞，除了一篇 1921 年 4 月 23 日的新聞中有提及因「物價高漲」導致蔗農收益不足引發糾紛外，於 18 篇皆屬於一般性種植報導，未提及勞農問題。見大鐸版《台灣日日新報》資料庫，查詢年段 1920 年 1 月 1 日至 1925 年 1 月 1 日，http://database2.lib.ntue.edu.tw.aleph.lib.ntue.edu.tw/ddnc/ttsddn.exe?@1^28753^0^^^-1#JUMPOINT。（最後瀏覽：2012／07／18）

〔註20〕 原稱《台灣總督府警察沿革誌第二篇——領台以後的治安狀況（中篇）》，本文據海峽學術出版社於 2006 年 6 月出版並更名爲《台灣社會運動史》五冊。

〔註21〕 見《台灣社會運動史》第四冊農民運動篇，頁 13，表 8。

〔註22〕 見《台灣社會運動史》第四冊農民運動篇，頁 43～44。

　　除了李應章在二林外，另一位文化協會的成員黃呈聰也在線西庄策動成立「甘蔗耕作組合」，〔註23〕台南州和嘉義郡新港庄和各地也都陸續有成立組合的風聲或行動，但除二林外，皆未見成效。

　　一九二五年十一月十五日簡吉和黃石順在高雄成立「鳳山農民組合」，是繼「二林蔗農組合」外又一成功的例子，他們並成功拖延了該地的耕地回收政策。但最後仍在擴大化的抗爭下引起了警察的介入，一九二六年九月簡吉等七名組合的領導者被檢舉，依違反治安警察法與以處罰。但兩起抗爭的消息藉由文化協會成員的居中聯繫傳播，已蔓延各地，已成為政府不得不正視的問題。

　　一九二六年九月台灣農民組合在鳳山成立，串聯各地農民組合做為支部，利用各地農民的不滿與紛爭致力於擴張組合的勢力，這可從農民組合中出現了一個專門負責處理糾紛的「爭議部長」可見端倪。〔註24〕

　　相較於在大正時期就已鼓動風潮的農民運動，同期的勞動組合運動（工運）就顯的起步較晚，據統計，一九二二年勞動團體僅有六個，一九二五年則有十個，且主要是內地人以親睦互助、勞資協調為主的團體。〔註25〕台灣人多半缺乏相關運動的經驗與智識，僅止於宣傳煽動，提高階級意識的狀態。

　　連溫卿和王敏川是讓台灣勞動組合運動升溫的重要人物，連溫卿深受日本社會主義學者山川均的影響，也曾前往日本並參與勞工運動，並在台灣文化協會內組織「馬克思研究會」；王敏川曾留學日本早稻田大學，接觸社會主義，並參與東京時期《台灣青年》的記者，返台後加入台灣文化協會並積極投入民智啓蒙運動，一九二三年曾因「治警事件」被捕，獲釋後轉而投入勞動組合運動。

　　勞動組合運動隨著昭和時期的開始而轉劇，台灣文化協會內部左右派的路線之爭也逐漸檯面化，一九二七年（昭和二年）一月三日台中公會堂的臨時大會上左右派展開對決，穩健派的蔡培火等人不敵激進派的連溫卿與王敏川等人而宣布退出台灣文化協會，〔註26〕並另組「台灣民眾黨」。台灣文化協

〔註23〕該案最後在工廠的懷柔政策下宣告失敗，詳見《台灣社會運動史》第四冊農民運動篇，頁47。

〔註24〕1926年的爭議部長為黃石順，隔年改組時黃石順轉往調查部，爭議部長由謝財神新任。見《台灣社會運動史》第四冊農民運動篇，頁69～70。

〔註25〕詳見《台灣社會運動史》第五冊勞動運動篇，頁35。

〔註26〕穩健派的蔡培火等人在離開後，於同年7月成立了台灣民眾黨，但他們仍掌有原本的發聲管道《臺灣民報》。

會改組，成爲「新文協」，並積極投入工農運動。〔註27〕蔣渭水更於一九二八年二月十九日在台北組織了「台灣工友總聯盟」，發出了「同胞愛團結，團結眞有力」的口號來爭取勞動組合成員的支持。

改組後的台灣文化協會在發表的宣言中指陳：「文化協會永遠爲農、公、小商人、小資產階級的戰鬥團體。」而台灣民衆黨也在政策中宣示：「援助農民運動、勞動運動及社會上諸團體的發展。」〔註28〕我們可以從報紙上面的報導〈台北勞動祭的大盛況　聽衆六千大舞台滿座〉〔註29〕看到當時的盛況。

一九二八年四月，台灣共產黨在上海以日本共產黨台灣民族支部的形式成立。雙方在目標上某種程度其實是殊途同歸，只是方法上的差異。而在兩個團體分進合擊的指導下，勞動團體的數量，從一九二六年（昭和元年）的七個，會員一千七百三十人，到隔年即驟增至五十七個，會員八千一百七十五人，一九二八年（昭和三年）後更是團體數超過一百個，會員數上萬。〔註30〕而勞動爭議也從一九二六年的二十六件，逐年增加，一九二九年甚至達到一百〇七件，影響人數五千餘人。

由於文協分裂時，機關誌《臺灣民報》的掌控權握在台灣民衆黨手上，新文協並沒有幫自己發聲的管道，於是新文協便相繼創刊了《台灣大衆時報》與《新台灣大衆時報》。

《台灣大衆時報》採周刊發行的方式，基本上是一種做爲各個左翼團體共同戰線的刊物而發行，所以對各個次級組織團體無不大量報導其活動消息。〔註31〕其中主要人物就是連溫卿，而他在該報發表的兩篇重要文章〈台灣社會運動概觀〉〔註32〕與〈台灣殖民政策的演進〉〔註33〕則清楚的見證了當時風起雲湧的社會運動脈絡與剖析了總督府與對台灣社會的掠奪過程。而

〔註27〕 1927 年之後在連溫卿、王敏川體制下的台灣文化協會，有別於之前的台灣文化協會的立場，一般稱爲「新文協」，新文協在沒有發聲管道之下，另外發行了《台灣大衆時報》與《新台灣大衆時報》作爲機關報。

〔註28〕 見《台灣社會運動史》第五冊勞動運動篇，頁 35～36。

〔註29〕 見《臺灣民報》157 號第 5 版，1927 年 5 月 15 日。

〔註30〕 在 1928～1933 年間團體數均超過一百個，會員數最多達到兩萬五千人。見《台灣社會運動史》第五冊勞動運動篇，表二十九〈勞動團體累年調查表〉，頁 37。

〔註31〕 見陳芳明〈『台灣大衆時報』與『新台灣大衆時報』解題〉，轉引自南天書局《台灣大衆時報》複刻版頁 3，1995 年 8 月影印發行。

〔註32〕 原刊於《台灣大衆時報》第一、三、五號。

〔註33〕 原刊於《台灣大衆時報》第六、七、八號。

該報大量報導了當時台灣各地的抗爭運動，由於不被總督府許可發行，該報也和早期《臺灣民報》相同，採東京發行後再運回台灣銷售的方式。可惜《台灣大眾時報》只發行了短短兩個月共十期便因官方查禁而宣告停刊。〔註34〕

　　除了官方查禁之外，新文協內部也再次產生分裂，一九二九年屬於較溫和的左翼思想者連溫卿被台灣共產黨的謝雪紅逐出新文協，而一九三一年謝雪紅又被極左的「改革同盟」奪取了領導權，此時出現的《新台灣大眾時報》內容就更顯的激進許多，有別於《台灣大眾時報》作者大多眞名實姓，《新台灣大眾時報》的文章多半爲筆名或假名，且論述性質多，有一種釐清及統一路線的意味。《新台灣大眾時報》採月刊發行方式，但八個月中只發行了五期，常常脫刊，可能和內部鬥爭有關。〔註35〕只有最後三期發行正常，而最後三期的內容很明顯的出現了批判一切不同路線的激進路線，如五月號刊出了〈臺灣民眾黨被禁止的黑幕〉以及〈臺灣民眾黨受禁止解散的意義及我們的對策〉，七月號則刊出了〈打倒 XXX 帝國主義的走狗地主資本階級的自治聯盟〉，而對官方也毫不留情的嚴厲批判，最後在總督府「台共大逮捕」下，一九三一年九月台灣共產黨重要幹部幾乎全被捕獲，失去領導中心的其他周圍組織也就開始弱質化而失去戰鬥力了，加以年初台灣民眾黨也被宣告非法而被壓制，失去了指導單位的其他下游團體們群龍無首，聲音也就逐漸消寂了。

第二節　臺灣新文學的出現勞動大衆的描繪作品

　　臺灣新文學的起點，據葉石濤的說法，設定在一九二○年《台灣青年》創刊號的誕生。〔註36〕在這臺灣新文學的「搖籃期」中出現的五篇小說中，〔註

〔註34〕　《台灣大眾時報》從 1928 年 5 月 7 日發行第一期，到同年 7 月 9 日發行第十
　　　　　期，期間只有兩個月又兩天。
〔註35〕　如 1930 年 12 月 1 日創刊發行，第二期就脫刊到 1931 年的 3 月 15 日才發行，
　　　　　而該年 1 月新文協內部份成員成組了極左的支派「改革同盟」，而謝雪紅就是
　　　　　在 5 月被「改革同盟」趕下台，並被其開除黨籍。
〔註36〕　引自葉石濤《臺灣文學史綱》，（高雄，春暉，1987 年 2 月 1 日初版），頁 28。
〔註37〕　葉石濤在《臺灣文學史綱》，頁 32 中說新文學的「搖籃期」出現了五篇小說，
　　　　　然僅 1925 年之前所出版的《台灣》、《臺灣民報》中，標題爲「小說」、「短篇
　　　　　小說」、或「寓言小說」並不止五篇（不含標題爲小說但內文以文言書寫的部
　　　　　份、不含中國作家作品及翻譯作品），鄭經世的〈賢內助〉（臺灣民報一卷 1
　　　　　號，1923 年 4 月 15 日）、施榮琛的〈最後的解決如何〉（臺灣民報一卷 7 號，
　　　　　1923 年 9 月 1 日）、劉國定的〈神媒〉（臺灣民報一卷 14 號，1923 年 11 月 21

37〕則是追風（謝春木）的日文小說〈她將往何處——至苦惱的年輕姐妹〉爲始，而無知的〈神秘的自制島〉則是以中文書寫的白話小說。

二〇年代新文學剛萌芽，小說多屬於實驗性質，著重在白話文的熟練上，篇幅較短，故事情節的轉折不多，人物的塑造自然也較近似於扁平人物（flat characters）。〔註38〕此時也正值農業轉型的階段，許多中下階層的百姓多半是半農半工，也就是農閒就去做零工貼補家用，這個階段關於這類型的勞動書寫，以農工文學或勞動文學稱之或許更爲恰當。

一、農工主題的勞動文學小說興起

二〇年代初期文學雜誌較少的時候，新文學的發表場域多半集中在以《台灣青年》、《台灣》、《臺灣民報》這個系列之中，在這系列之中目前能見到的小說，第一篇與勞工有關的小說應是一九二三年四月十五日鄭經世發表在《臺灣民報》第一號上的〈賢內助〉〔註39〕，該篇小說描寫的是一個遊手好閒的收舊紙雜工古七，在妻子賀氏的鼓勵下振作向上的故事。場景不是臺灣，而是在東京，教化意義濃厚，對勞工生活的著墨主要是襯托女主人的賢德，可以說是一篇類似勸世寓言的實驗性質之白話勞工小說。

眞正主題明確偏向農工勞動爲主的小說，應該首推賴和在一九二六年二月發表在《臺灣民報》的〈一桿『稱仔』〉〔註40〕，小說將善良的台灣勞動者和仗勢欺人的日本警察做了強烈的對比，而〈一桿稱仔〉內所描述的景象，在《臺灣民報》中，其實屢見不鮮，如一九二五年一月十一日在《臺灣民報》三卷二號的第十六版之「順風耳」專欄中，就曾敘述了類似的場景。

日）、臺灣民報臺灣民報均未被列入，另標題爲「文藝」而內容爲小說的有翁澤生的〈誰誤汝〉（臺灣民報一卷 6 號，1923 年 8 月 15 日）、楊雲萍的〈月下〉（臺灣民報二卷 10 號，1924 年 6 月 11 日）、夬庵的〈一個貞烈的女子〉（臺灣民報三卷 18 號，1925 年 6 月 21 日）也未見列入。

〔註38〕 見愛德華・摩根・佛斯特（Edward Morgan Forster）著，蘇希亞譯《小說面面觀》，頁 94～95，商周出版，2009 年 1 月 8 日初版。

〔註39〕 見鄭經世〈賢內助〉，《臺灣民報》第一號 23～25 版，1923 年 4 月 15 日。

〔註40〕 見賴和〈一桿『稱仔』〉，原載於《臺灣民報》第 92～93 期，1926 年 2 月 4 日及 21 日刊出。標點據原刊本。現今版本多用「秤仔」取代「稱仔」，如李南衡編的《賴和先生全集》、鍾肇政與葉石濤合編的《光復前臺灣文學全集小說卷》卷一標題《一桿秤仔》、前衛出版的台灣作家全集《賴和集》中，多採此字，而賴和紀念館網頁資料則標示〈一桿稱子〉，唯手稿內並無任何標題的標示。

　　十二月十八日午後四時、有個賣菓物的陳某、挑著菓物擔到新起街
市場裡面去賣、這人是不知道這市場的開賣時間、是定於午後五時
開市的、放下菓物擔、就要開賣、忽然來了一個虎狼似的市場監督、
（係內地人）不分黑白、不管二一三七、便把那菓物擔一腳踢翻、
弄的擔子四分五裂、所有菓物也汙壞了大半、陳某見這光景、就要
流出淚來、雖是這樣、也沒奈何他、只有打落門牙和血吞、趕緊拾
起汙壞的物件、挑起就跑、免了他再來爲難、陳某因這一弄、弄得
本錢虧損了一大半、做小買賣的人、那有名大積儲、度日的費用、
是靠這種收入、來生活妻子的、今日過了這個兇星、家人和自己、
免不掉要受麵包問題的了。咳！這也是陳某倒運、受這兇星的災難！
那是某監督實在是狼心狗肺呀！也不想想做小買賣的人們是何等困
苦……

就筆法而言，〈一桿『稱仔』〉文中除詞彙使用台式詞彙外，白話句法已相當
成熟，情節鋪陳上也相當寫實完整，或許這是因爲相關景象常常發生在身邊
的緣故。本篇視爲是一篇台灣人對抗強權的佳作，尤其小說最後賴和藉主角
秦得參的最後覺悟「人不像個人、畜牲、誰願意做。這是什麼世間、活著倒
不若死了快樂。〔註41〕」點出了位於殖民地社會最底層小民對政權的最大抗
議，就是拿命來搏。

　　〈一桿『稱仔』〉中值得注意的面相，除了它點出了勞動者被欺壓的處境
外，它也相當明顯的「暗示」了對當權者的「抗爭」。文中雖未明講秦得參殺
了日警，但暗示意味卻相當鮮明。

　　他已懷抱著最後的覺悟。

　　元旦，參的家裡，忽譁然發生一陣、叫喊、哀鳴、啼哭。

　　隨后又聽著説、「什麼都沒有嗎？」

　　「只『銀紙』（冥鏹）備辦在、別的什麼都沒有。」

　　同時、市上亦盛傳著、一個夜巡的警吏、被殺在道上。〔註42〕

鄭登山在一九二八年的年初一在《臺灣民報》上發表了一篇小說〈恭喜〉，和

〔註41〕 見賴和〈一桿『稱仔』〉，《臺灣民報》第93期15版，1926年2月21日。括
　　　　弧內（冥鏹）二字爲賴和在所刊出的原文中自加的註解。
〔註42〕 見賴和〈一桿『稱仔』〉，《臺灣民報》第93期第16版，1926年2月21日。
　　　　括號內爲報上之原文。

賴和的〈一桿穪仔〉也有異曲同工之妙。主角是一個找不到工作的「生產後備軍」，去應徵過年期間的臨時郵差，他看著大家彼此互道「恭喜」，但他心中卻一點心年喜慶的感覺都沒有，年節一過，他又回到「生產後備軍」的失業者崗位了，貧富間的差距甚感不平讓主角深感不平。

> 哈哈！恭喜、恭喜！喜從何來？再過兩三天後、我又是不得不成為
> 徬徨於街路的故我了。怎麼我負有這樣的六尺軀、還是求不得一
> 飽？……為何人同是一樣的在迎新年：有的坐著汽車馳驅於街路；
> 有的飲著酒酩酊大醉；有的一賭勝負千金？唉！世界為怎麼樣矛盾
> 到這般地明顯呢？〔註43〕

除了社會上貧富間的差距外，就連這些臨時郵差間也存在著「身分」上的差距，更讓他不滿。讓他心中興起了「打倒」這個社會及制度的念頭。小說至此嘎然而止，雖未如賴和〈一桿穪仔〉般暗示的這麼明顯的去反抗當權，但在文末也留下了主角要打倒這個社會及制度的伏筆

> 同是臨時郵差之中；日本人分擔的是城內、道路好區域小而容易配
> 達；台灣人分擔的則稻艋、道路壞區域大而難以遞送。
>
> ……他直等至分給勞賃的時候、偶爾又瞧見在勞賃的紙袋面分明書
> 著這樣的數字。
>
> 「唉！同是一樣的工作、為何日本人較台灣人有多六成的加俸特
> 權？……」
>
> 他像很激憤似的慷慨悲歌地續著又疾呼起來：
>
> 「我明天又是無□□作、仍要為『明日的麵包』而徘徊於街路了。
> 但我對於這個使我所以無工可作和差別待遇的矛盾、必要研究之——
> ——打滅之而後已！……」〔註44〕

日台間的不平等，除了在工作之外，由於日本人掌握了司法權，日本警察對台灣人的欺凌，在文學場景中也很常見。陳虛谷在一九二八年六月到七月間在《臺灣民報》上發表了一篇批評日警很露骨的小說〈無處申冤〉，藉由日本

〔註43〕原刊見《臺灣民報》第 189 號第 11 版，1928 年 1 月 1 日。標點據原刊。

〔註44〕同上註，「□□」為原刊無字，戰後版本收錄時將內文的「無□□作」填字成為「無工可作」。見《光復前臺灣文學全集》第一集《一桿秤仔》，頁 215，鍾肇政葉石濤編，遠景出版社，1981 年 9 月再版。

巡警岡平貪圖民女不碟的姿色一事，點出了日本人高高在上的心態；而台灣人被欺負了，卻不敢伸張。

> 論理，她也應該把她的肉體獻給我才是。我是優秀的民族，又是現任的地方官，這管內誰的勢力會壓倒我呢？〔註45〕

> 你慢慢聽地聽我商量了，當今是他們天年，我們不合頭戴伊的天，腳踏伊的地，凡事要認輸囉。古人説，世事讓三分，天寬地濶。他們官官相爲，莫説你奈何他不得，便是有二十個我，也是無奈他何！況且這事也無第三人看見，假如你要告訴，有什麼可靠的證據呢？世俗説不怕官只怕管，要是告他不起，你要何以自楚呢？依我想，只好推做不知，以後小心一點，別無他法。〔註46〕

小工林老賊一家聽了地保的分析，自知無法對抗巡警，爲了保全女兒不碟的清白，只得遠走他鄉。禍首岡平未得任何處分，又將魔爪伸向另外一個地保一家得逞。這次地保一家力圖抵抗，下場卻是受害者受到刑求而亡，地保也被免職，而岡平最後也不過是轉勤到邊界罷了。小老百姓除了灑鹽跟詛咒，好像也無法反抗。

關於警察的形象，在一九二七年八月七日的《臺灣民報》〈冷語〉欄上曾有過一篇關於警察在台灣的描繪，把警察形容成是比老虎更厲害的角色。

> 在警察萬能的台灣、用著「警察來了」一句話、就可以制止小孩子的啼哭、尤其是警察中的刑事、在台灣人的眼中、看做比會咬人的老虎還要厲害的、這一面在表示民眾的低級、而一面是在告白警察——刑事的橫暴。賢明的爲政者。不知道要用什麼方法、來革新這種不合時勢的現象呢？〔註47〕

日治時期台灣警察的形象，在新文學中以負面角色登場居多，而在舊文學中，卻也出現了不少正面的作品，葉衽傑在〈從台灣日治時期的漢詩再探日治警察、保正與保甲之形象〉〔註48〕一文中曾列舉了超過二十首以上的漢詩作品對這些執法者是持正面態度的，這或許和傳統文人許多人本是仕紳階級，和執法者走得近的緣故。當然，本身精通漢詩與新文學的作家們如賴和、陳虛

〔註45〕 見陳虛谷〈無處申冤〉，《臺灣民報》第214期第9版，1928年6月24日。
〔註46〕 見陳虛谷〈無處申冤〉，《臺灣民報》第214期第9版，1928年6月24日。
〔註47〕 見〈警察來了〉，《臺灣民報》第168期第8版〈冷語〉欄，1927年8月7日。
〔註48〕 見葉衽傑〈從台灣日治時期的漢詩再探日治警察、保正與保甲之形象〉，《文史台灣學報》第2期，2010年12月，頁199～248。

谷等人也曾在漢詩中對警察有所批判，但日本警察全然是暴虐的嗎？曾資助楊逵的入田春彥，爲了拒絕向台灣百姓苛徵稅而選擇自裁的森川清治郎等等都和新文學小說中那暴虐與好色的警察形象無緣，只是在願意本著照顧百姓的良心爲民服務與遵照上層長官指示壓控人民之間，選擇了前者的人明顯極少罷了。

楊守愚自一九二九年起開始在《臺灣民報》上陸續發表了多篇小說，主題都是聚焦在勞動階級上，其中一篇〈凶年不免於死亡〉，對於小農小工的苦，描寫深刻。

> 日間雖到工場裏做工；但是一個日中、做了十多點鐘可是所得的工錢、也只不過六角而已、呀！米珠薪桂單這小小的一間房子、一個月也要兩塊房租。〔註49〕

> 我當時在鄉下做牛馬、原可以一日度一日地生活、誰知——誰知天要滅人。……我做了李永昌的田地、租谷雖然較別人爲多、但是我們一輩窮苦人家、沒處做苦工過活、也就迫不得已承受了來。到還可以藉此賺些二糧、壞粟、度苦過日子……發生了一種甚麼叫「稻熱病」的、全村的稻子、都熱死了。……看看收成已經十無一二了左思右想、無計可施、只得跑到李永昌家裏、求他開恩開恩、減削這兩季的租谷……〔註50〕

小說中的主人翁林至貧，本身也曾是個佃農，佃租雖高，但他沒有別的謀生能力，只得勉爲接受，靠著些許的二糧壞粟，求得一個溫飽。他必須接受，因爲田地少而佃戶多，他沒有和地主講價的空間。豐年尚可度日，但豐年無法年年有，一遇到天災，他就得有倒貼的心理準備。而這次的稻熱病，就讓他大蝕本，他試著要去找地主求情，只換得了地主「賺得賺去食，損的損會社。」的奚落。最後，資本家李永昌找了差押官，抄封他的房子和農具，田也被收回。接著，役場的書記來查戶稅，林至貧拿不出錢，書記甚至要求他賣兒子繳稅，最後他只得把妻子賣了，搬到現在的地方做苦工。而他做苦工一天的工資只有六角，若對比當時一九二九年台中地區的本島人臨時工平均

〔註49〕 見楊守愚〈凶年不免於死亡（一）〉，《臺灣民報》第 257 期第 9 版，1929 年 4 月 21 日。

〔註50〕 見楊守愚〈凶年不免於死亡（二）〉，《臺灣民報》第 258 期第 9 版，1929 年 4 月 28 日。

薪資一天只有約八角左右，〔註51〕楊守愚小說中的場景其實是十分寫實的，他之所以會進入工廠做苦工，是因為他沒有能力再去佃租農地，這是符合當時台灣勞動力過剩而逐漸由農業往工業發展的趨勢，林至貧經歷了地主、官方的雙重剝削，最後只能做著苦工，度一日算一日，而沒有專長的他，也看不見未來有任何翻身的希望。

　　楊守愚筆下的林至貧是否是一個時代的寫照？或是一個特例？若以當時一九二〇年代的農業戶口組成來看，佃農的比例大約一直都維持在百分之三十九左右，而自耕農與半自耕農的比例約各佔百分之三十上下〔註52〕，林至貧無力繳付地租而被迫去工場。

　　台灣人辛勤勞動，為的就是圖個溫飽，但有時遇到刻意刁難的雇主，無法準時拿到報酬，但為了後面的工作能夠持續，也只得忍氣吞聲。楊守愚的另一篇小說〈過年〉〔註53〕中，便點出了身為勞動階級的無奈。主角阿發因為景氣的關係失業了兩個月，家計依靠母親和妻子替人洗衣服勉強度日，而年關將近，工錢被打了折扣也就算了，東家們甚至硬是扣著工錢不發，使得冒冷多次前往請求發工錢的阿發妻子最後依舊捱餓受凍的回來空無長物的家中。

> 沒……沒有……他說……我們……我們……太……太可惡了……
> 一……一兩塊錢……竟催……催討了……五……五……六次……他
> 說……難．道大戶……人家……會欠……欠我們……的工
> 錢……工錢嗎？〔註54〕

故事最後在阿發抓狂的跑了出去找東家理論，伴著文末「這淒風苦雨的黯淡之夜，還不失其預備歡迎著春之來臨的愉悅……」〔註55〕一個強烈諷刺的場

〔註51〕據《台灣省五十一年來統計提要》網路版，表301〈歷年本省人工人每日工資〉，見 http://twstudy.iis.sinica.edu.tw/twstatistic50/LABOR/Mt301.xls。（最後瀏覽2012／05／15）

〔註52〕據《台灣省五十一年來統計提要》網路版，表194－2〈歷年農業戶口百分比〉，見 http://twstudy.iis.sinica.edu.tw/twstatistic50/AGRI/Mt194-2.xls。（最後瀏覽2013／05／06）

〔註53〕楊守愚〈過年〉，《臺灣民報》第345及346期第10版，1931年1月1日與10日刊出。

〔註54〕原文見楊守愚〈過年（下）〉，《臺灣民報》第346期第9版，1931年1月10日刊出。

〔註55〕原文見楊守愚〈過年（下）〉，《臺灣民報》第346期第9版，1931年1月10日刊出。

景中結束。而即使受到這樣的對待，阿發的母親和妻子仍舊不希望阿發把事情鬧僵，就怕影響後頭的工作，也顯現出了台灣人對逆境往往採取逆來順受的性格。

　　寫實、悲情，是這個時期農工小說的基調，文學家們藉由人物的遭遇引發讀者對勞動者的同情與對官方及資本家的不滿，對比著同時期的社會運動，有著異音和鳴的效果。

二、受到勞動與性別雙重壓迫的女性勞動小說

　　在男尊女卑的台灣傳統社會中，若家境欠佳，身爲女子往往得被迫爲了家庭犧牲，成爲媳婦仔、查某嫺、甚而墮入風塵賣藝或是賣身。遇到好的主人家或許有機會贖身，或是在大戶人家中終老；倘若運氣不好，就只得任人宰割，甚而流離失所。

　　對照陳虛谷〈無處申冤〉中，被日人巡警岡平欺辱的少女不碟最後全身而退，楊雲萍〈秋菊的半生〉筆下的下女秋菊，則又是一個悲慘的對比。秋菊被雇主郭議員玷汙，女主人不但沒有責怪加害者郭議員，甚而怒打責罵受害者秋菊，秋菊只得投溪自盡。楊雲萍在小說中使用了很多的暗示筆法，文字簡潔而對話不多，算是一篇實驗性質頗厚的作品。

　　同樣以下女爲主角，楊守愚在一九二九年三四月間發表在《臺灣民報》上的小說〈生命的價值〉，對於下女的悲情，有了更激烈的控訴。

> 她每晚都要過十二句鐘才得睡覺，早上早上又須五點多鐘就要起來；她每天的工作，老實說；就是一個成人也還擔當不起。每早起床就要：掃地、拭椅棹、換煙筒水、煎茶、排水、洗衣服、洗碗箸、買菜蔬、捶腰骨、清屎桶、當什差、守家門、還要管顧小主人；這麼多的工作，都要她一個人擔當。萬一不提防、不小心、還要飽嘗那老拳、竹板、繩子的滋味呢。〔註56〕

一個才八歲九歲大的下女秋菊，最後被主人景祥舍吊起來活活打死，原因只是因爲他深夜賭輸錢，叫秋菊去買點心，而睡眼惺忪的秋菊無意間失落了一個銀角，便被景祥舍誣指爲偷竊而拷打致死。小說最後藉由主角腦海中所烙

〔註56〕見楊守愚〈生命的價值〉，本段引文刊在《臺灣民報》第256期第9版，1929年4月14日。

印的秋菊被毒打致死的影像所勾勒出來的一個血淋淋的事實「生命的價值——一個銀角！」道出了那個時代裡下女的悲情。

　　《臺灣民報》也轉載了陳雪江〈賣人〉這篇小說，將大戶人家把下女視如貨物的嘴臉描繪的更加鮮明，下女含笑在這篇小說中，「人」的地位蕩然無存。

> 你還說貴嗎？那你就算錯了！我買的時候花了兩百五十，到如今吃了三年白米飯，而且教好了一手工藝，不論粗細都會，只賣你三百，還算貴嗎？講句笑話，就是他身上長出來的肉也值得五十塊錢！你看木谷嫂前月才買一個，比我小，花了兩百八；金光嫂前十天才也買一個，花三百多……〔註57〕

一個女孩身為人的價值，就在兩個婦人間「論斤計價」中喪失殆盡。在買主連生嬸猶豫間，賣家安樂嫂對自己的「貨品」不住的稱讚，而在買賣暫時不成後，連生嬸一離開，安樂嫂就立刻對含笑破口大罵。

> 你這臭婊子！教到死還是這個死模樣，人家在那裡坐，怎麼不會哼一聲。請人家吃飯，哭喪著鬼臉做什麼！晚上請你吃棍子，看你再哭喪著臉不！〔註58〕

對含笑而言，自賣入安樂嫂家三年來，天天過著白天苦幹晚上捱棍的日子。然而，這段「待售」的日子卻是她被賣入安樂嫂家三年以來身體上最舒適的日子。這段日子裡雖然依舊天天被罵，但因為媳婦不在，安樂嫂除了恐嚇她，卻也沒動過手。而在含笑的心裡，她對未來的恐懼卻是與日俱增。最後連生嬸確定要用三百元買下她了，安樂嫂要求等媳婦回來再「交貨」。含笑只要想到一個月份的棍債，心中就充滿恐懼，她甚至會覺得「嚇！死了不就是完了嗎？死！死！死了是多麼舒服啊！」〔註59〕於是，在安樂嫂媳婦回來當天晚上，含笑做完事情後便突然失蹤了，她尋求了解脫。而安樂嫂的反應，除了咒罵含笑與痛惜未能入帳的三百元外，依舊沒意識到含笑是個人，而非貨物。

〔註57〕見陳雪江〈賣人（上）〉，本段引文刊在《臺灣民報》第265期第9版，1929年6月16日。

〔註58〕見陳雪江〈賣人（上）〉，本段引文刊在《臺灣民報》第265期第9版，1929年6月16日。

〔註59〕見陳雪江〈賣人（下）〉，本段引文刊在《臺灣民報》第266期第9版，1929年6月23日。

> 這臭婊子！這臭婊子！真是前世欠了她的債！要死也不再兩天才去
>
> 死，偏偏在這個時候！呵！三百白龍洋！〔註60〕

女子的命運，彷彿在出生那一刻就已經決定，一但生在貧窮人家，就註定了
一生的悲情，郭秋生在一九二九年發表的〈死嗎？〉，描述了一個十二歲的少
女彩蓮，因為家境的因素被父母賣掉，到十七歲為止，五年間光在台北一地
就被轉賣了六次，最後因為在台北「惡名昭彰」賣不掉，還賣到下港去。郭
秋生在小說的尾聲還留下了自己的感言，郭秋生身為大稻埕地區著名大酒樓
江山樓的經理，對這種事屢見不顯，卻也無力改變這種社會狀況，只能透過
筆的力量把故事寫出來，讓社會能多一些關注。

> 以上的故事、完全出自實事的題材、並不是憑空架閣、於臺灣這樣
>
> 齷齪的社會裏頭、下個深刻的描寫、作者所提出的命題、或許為當
>
> 面社會的、法律的、人道的根本問題了。我們看到這篇之後、不無
>
> 令人感到無的者的悲哀、同時是資本主義社會制度的一大缺陷了。
>
> 不曉得讀者諸君——對於作者所提出的命題、要將如何解決？
>
> 〔註61〕

對台灣人而言，男子有能力進行重勞動，成人後若有機會還可以取個幫手過
門，為家裡添人手，反之，女子不管多能幹，有錢人家或許有能力「招贅」，
貧窮人家就多半會將女兒交易出去，有時是賣錢，有時是和別戶人家交換女
兒回來當童養媳，而女孩本身能做的就是默默的接受安排，到一個完全陌生
的地方去，是福是禍，聽任老天爺的安排。

　　賴和以安都生為筆名發表的小說〈可憐她死了〉裡，女主角阿金就是一
個典型的例子，阿金有個疼她的父母，但礙於生計，只得將她賣掉，父母惟
恐阿金被虐，幫他挑了好人家，阿金溫順的脾氣的與勤勉的工作態度讓主人
家阿跨仔官很高興，阿金也順利的和阿跨仔官的長子結婚，生活還算幸福，
可惜阿金的公公和先生因為捲入了罷工風潮遭到逮捕與毆打，雖然最後被釋
回，但仍因傷重而先後辭世。

> 她的丈夫所從事的工場、發生了罷工的風潮、她丈夫因為被工人們
>
> 舉做委員的關係、在佔領工場的鬥爭那日、被官府捉去、她的兒子

〔註60〕見陳雪江〈賣人（下）〉，本段引文刊在《臺灣民報》第 266 期第 9 版，1929
　　　　年 6 月 23 日。

〔註61〕見郭秋生〈死嗎？（五）〉，《臺灣新民報》第 283 期第 9 版，1929 年 10 月 20
　　　　日。

> 也同在這工場做工、看見父親被捉、要去奪回、也被警察們打傷、
> 回到家裡便不能起床、發熱嘔血、不幾日便死去、……好（不）容
> 易等到她丈夫釋放出來、但是受盡打踢監禁、傷殘了的身心、曉得
> 兒子受傷致死、如何禁得起這悲哀怨憤、……罷工完全失敗後、大
> 多數無志氣的工人皆無條件上班去、一些不認份的工人、不願上工、
> 也不耐得餓、皆散到四方、去別求生活了、……他的病益加沉重、
> 他不願再活了、其實也是不能活了、不久便結束了他苦鬥的人生。
> 〔註62〕

一場罷工鬥爭最終失敗了，家裡的兩個經濟支柱全因這場鬥爭而喪失生命，婆媳兩個人的命運就此改觀，阿跨官仔年紀大了，阿金努力的想要撐起家中的經濟，但杯水車薪，從街坊鄰居和阿跨官仔的談天內容當中，阿金彷彿已經再次預知到自己的命運。不論阿跨官仔對她多好，現實的殘酷是必須面對的。

> 現在雖不忍把自己賣去、保不住幾時又要被說動、〔註63〕

> 自己勞力的所得是不能使她的母親享福、可是除了一個肉體之外、
> 別無生財的辦法、……在此萬惡極了的社會、尤其是資本主義達到
> 了極點的現在、阿金終是脫不出黃金的魔力、〔註64〕

阿金最後同意了土財主阿力哥的要求，當了他的妾，對阿金而言，她希望的是用自己的肉體換取阿力哥對他們婆媳兩個生活上的保障，但對阿力哥而言，阿金不過是一個用廉價買來的玩具罷了。

> 阿金很年輕很嬌媚、而且困苦慣了、當然不曾怎樣奢華、所費一定
> 省、比較玩妓女便宜到十倍、他越想越得意、〔註65〕

半年不到，阿力哥厭倦了阿金，加上阿金懷孕了，更不得阿力哥歡心，阿力哥最後就用一百元打發了阿金，阿金為了生活，只得挺著身子工作著，就這

〔註62〕見安都生〈可憐她死了（二）〉，本段引文刊在《臺灣新民報》第364期第10版，1931年5月16日。標點依原刊本所加，括弧內文字為筆者所加。

〔註63〕見安都生〈可憐她死了（二）〉，本段引文刊在《臺灣新民報》第364期第10版，1931年5月16日。

〔註64〕見安都生〈可憐她死了（三）〉，本段引文刊在《臺灣新民報》第365期第10版，1931年5月23日。

〔註65〕見安都生〈可憐她死了（三）〉，本段引文刊在《臺灣新民報》第365期第10版，1931年5月23日。

樣子不小心跌入了水中身亡，而此時的阿力哥仍舊繼續找著下一個玩具。在土財主眼中，女人的價值，也就取決在她所能提供的肉體罷了。

即使是有著自由身的女人，為了生活，要出外工作，也常會因為是女性，而遭受到不平等的待遇，在薪資上，女性的薪資往往只有男性的一半左右，〔註66〕不但薪資低，還常常會受到管理人員在「性」方面的騷擾，但女性往往因為面子，也為了繼續保有這份得來不易的工作而忍氣吞聲，楊守愚的〈誰害了她〉就是一篇描寫女性在職場上被欺壓的小說。

女工阿妍在農場裡工作，常常受到監工的調戲，阿妍為了工作，只得忍氣吞聲。她曾經想跟父親說，得到的卻不是父親的相挺，而是對阿妍工作態度的懷疑，這讓她只得繼續忍耐著。

> 「是安怎？」跛腳金生照舊地又罵起她懶惰來：「妳總是想惰，輕輕可可的工也不做，想做小姐、姑娘是麼？去給阿木舍做查某囝啦！」……
>
> 「我無愛去，我要在厝內做草笠仔。」
>
> 「安怎太會無愛去？」
>
> 「無愛啦！……」她反以為被人家戲弄、欺侮，是不名譽的、是可恥的；只是忍受著她爸爸的責備。
>
> 「無怎樣，是安怎太會無愛去？今日存意給餓死是麼？好！我呆運腳斷了，用了妳賺的錢，食了妳煮的飯，妳就使癖，好！我甘願來去做乞食，隨在妳！」……他心裡總以為她在偷懶；又那知女兒正為著避去人家的蹧躂呢？〔註67〕

阿妍不願聲張，殘廢的父親為了家中生計，一直逼著她上工，她只得繼續硬著頭皮去，而不願忍受侮辱的阿妍最後就在閃躲中失足墜河，結束了年輕的生命。早已是下工時間，等不到女兒回來的父親金生回想著他們家多年來的處境，著急與害怕湧上心頭，只得拖著身子試著去尋找她的女兒。

〔註66〕 以1930年前後薪資較高的台北地區來看，以農夫為例，男性日薪有1.2元，女性只有0.6元，若以僕役為例，男性月薪有12元，女性只有5元；大抵而言女性薪資約在男性一半左右或更低。見《台灣省五十一年來統計提要》網路版，表301〈歷年本省人工每日工資〉，見 http://twstudy.iis.sinica.edu.tw/twstatistic50/LABOR/Mt301.xls。（最後瀏覽 2012／05／15）

〔註67〕 見楊守愚〈誰害了她（上）〉，《臺灣民報》第304號第9版，1930年3月15日。

故事的結束對應著楊守愚爲小說所下的標題〈誰害了她〉，資本家的壓迫，讓阿妍得忍氣吞聲地爲了生計繼續上工，道德與性別的壓迫，讓阿妍有苦難言，無法爲自己爭取正義，只能默默的視而不見，最後，她用生命維護了自己的尊嚴。

這個時期勞動小說中的女性主人翁，幾乎都是悲劇收場，鮮有例外。男女同工不同酬，加以主管都是男性，經濟和性別的雙重壓迫，造就了女性勞動者只能吞忍的命運。

不可諱言的，在新文學勞工小說中，婦女的形象以悲情居多，如在江山樓的經理郭秋生，出自對身邊的觀察，寫出了如〈死嗎？〉這樣的小說，但日治時期也是台灣出現職業婦女的關鍵年代，男性勞動力不足以應付社會逐漸細膩化的分工，造就了職業婦女的出現。鄭秀美曾在其碩士論文〈日治時期台灣婦女的勞動群像（1895～1937）〉〔註68〕中曾指出婦女大量出現在所謂的「勞力負荷需求力低而熟能生巧」的行業中，如製茶業、草紙業、編織業等，或是服務業。而婦女的心細與溫順，加以工資較低，都是促使資本者願意大量雇用的原因。一些資本者爲了爭取足夠的員工能增加產能，甚至有的還提供福利來爭取員工。〔註69〕除了薪資多半較男性爲低外，所謂的「悲情」似乎也不盡然是當時女性在職場上的寫照。

第三節　經濟大恐慌中的失業勞工及工運主題小說

日本總督府的政策緊縮，強力打壓社會主義份子，台灣共產黨在歷經了掃蕩拘捕之後，已無力主導勞工運動，而逃過拘捕的知識份子，有的選擇轉移陣地前往其他地區，有的則轉入了文藝及媒體之中，用筆來宣揚理念。

日治時期是近代台灣工業化的起點，而自九一八事變起日本爲了戰爭而致力於台灣產業的轉型，喊出了「工業台灣，農業南洋」的口號。而這個轉型，也造就了台灣一個新的階層的壯大，也就是勞工。

台灣本是一個農業爲主的社會，農業人口達到就業總人口數的百分之七十一點三（約百萬人，一九〇五年），泛工業人口（含農業加工）只有約十五

〔註68〕鄭秀美〈日治時期台灣婦女的勞動群像（1895～1937）〉，成功大學歷史研究所碩士論文，2007年1月。

〔註69〕見〈台灣蓬草拓殖　獎勵削草　每斤贈抽籤券〉，《台灣日日新報》第10380號第4版，1929年3月13日。

萬人；至一九三〇年代，泛工業人口則大幅成長至約二十六萬人。〔註70〕

　　日人及台灣資本家的資金投入造成了工業的興起，但相關勞工的權益並未受到重視，而引發很多問題，如同工不同酬、職場安全、男女工不平等、或勞資關係緊張等問題，而這些問題也引發了文學創作者的重視。於是勞工文學的創作於焉產生，而文學創作者們爲了凸顯出勞工的弱勢，或是反映現實，所創作出來的作品，大多是悲劇結局。日治時期的台灣財政狀況可分爲三個時期：第一期自一八九六年至一九〇四年，爲日本補助時期，第二期自一九零五年至一九三六年，爲自給自足時期，第三期爲一九三七年至一九四五年，爲戰爭經濟時期。〔註71〕

　　這個時期，台灣已經脫離日本財政援助，並且大量日本財團也在總督府引進下進入台灣進行投資，而此時台灣也有別於內戰的中國，是和平而穩定發展的，所以人口增加很快，〔註72〕剩餘勞力投入勞動工作，除了人數最眾的製糖業及其相關產業外，大量輕重工業的進入台灣也造成了台灣工業的興起〔註73〕，於是工人的增加也引發了相關的問題，台灣的知識份子們也開始將文學的描寫從農人而轉移到了勞動階級身上。

　　一九二九年開始的經濟大恐慌曾在台灣引起了一些波瀾，但隨後一九三一年日本政府在中國境內發動九一八事件，升高了中日衝突，也帶動了台灣的軍需相關產業的成長，迄一九三七年中日全面戰爭開始，這個時期可說是日治時期中台灣經濟最爲蓬勃的時期；而在臺灣新文學的發展上，這個時期也是多元蓬勃的時期，文學刊物的百家爭鳴，帶動了新文學的發展，而勞工小說在此時，成爲了眾多刊物不約而同的一個重要書寫主題。

一、三〇年代的經濟大恐慌

　　一九二九年末由美國開始爆發「經濟大恐慌」（Great Depression），從該

〔註70〕　見《台灣省五十一年來統計提要》，表 59〈歷次普查人口按職業之分配〉，頁 130。
〔註71〕　見黃通、張宗漢、李昌槿合著《日據時代台灣之財政》，頁 1，聯經出版，1987 年 1 月初版。
〔註72〕　1905 年全台人口約有 275 萬餘人，1925 年已達 414 萬餘人。見張宗漢《光復前台灣之工業化》表 2，頁 5。聯經出版，1985 年 10 月初版二刷。
〔註73〕　1905 年全台工業人口僅 153501 人；迄 1930 年時，工業人口已達 259950 人。見張宗漢《光復前台灣之工業化》表 5，頁 11。（水產及交通及礦業均視爲工業之一）

年十月華爾街的股票暴跌開始，隨著股票市場的崩潰，美國經濟隨即全面陷入毀滅性的災難之中，可怕的連鎖反應很快發生：瘋狂擠兌、銀行倒閉、工廠關門、工人失業、貧困來臨、有組織的抵抗、內戰邊緣。農業資本家和大農場主大量銷毀「過剩」的產品，用小麥和玉米替煤炭做燃料，把牛奶倒入河中。城市中的無家可歸者用木板、舊鐵皮、油布甚至牛皮紙搭起了簡陋的棲身之所。

　　一九三〇年六月美國國會通過了斯姆特──霍利關稅法（Smoot-Hawley Tariff Act），這項法律提高了數千種進口商品的關稅稅率，意在通過增加進口商品的價格來鼓勵美國人購買本國商品、增加政府收入、以及保護農民利益。然而其他國家也對美國商品徵收報復性關稅作爲回應。結果反而造成了國際貿易的金額大幅下降，反而加劇了蕭條。各國開始採取保護本國市場的措施，造成國際貿易大幅滑落，市場萎縮使大家不敢消費，而不敢消費造成工廠倒閉，工廠倒閉使得大家更加縮衣節食不敢消費，一連串的惡性循環造成了世界性的大失業潮。

　　經濟大恐慌期間美國失業人口總數達到了八百三十萬，英國則有五百至七百萬人失業，經歷了經濟大恐慌的人們在思想上發生了轉變。工人從二〇年代的麻木狀態中清醒過來，發動了富有戰鬥性的罷工。自由主義者被蘇聯的繁榮吸引，成了馬克思主義者。而保守主義者由於懼怕馬克思主義，日益轉向反共意識強烈的法西斯主義。

　　一九三二年美國羅斯福贏得大選，推動多項新政，舒緩了局勢；一九三三年德國希特勒上台，悍然拒絕一切一戰時德國的賠償而將賠償金用於國內建設。歐洲其他各國也致力於穩定國內局勢，然而隨後二次大戰爆發，戰爭讓這些努力全部投入了戰場。

二、三〇年代初期台灣的失業問題

　　殖民地的任務在爲宗主國「供給原料，推銷產品。」一九二九年由美國開始的「經濟大恐慌」爲歐美帶來了嚴重的衝擊，而台灣也受到波及，以資本者的角度來看，從一九三〇年開始，台灣的工廠數雖貌似不受景氣影響而維持穩定，並沒有大幅滑落現象。〔註 74〕但若以生產總值來看，工業生產總

〔註74〕台灣公司數除 1928 到 1929 年有明顯的下滑外，自 1929 年起就持續緩步上升，
　　　　據《台灣省五十一年來統計提要》網路版，表 304〈歷年各業公司數及資本額〉，

值自一九二九年起卻是持續下滑，到一九三○年跌到谷底，一九三一年起開始回升，但回到一九二九年的水平已是一九三五年的事了。〔註75〕若我們以出口狀況來看，台灣對日本進出口貨物總值自一九二九年底的三億七千九百餘萬台元起逐步下滑，但到一九三一年的三億一千六百餘萬台元探底後便回復上升，到一九三三年就以三億八千餘萬台元的水平回到了經濟大恐慌前的水平，然而，台灣對日本以外的地區的進出口貨物總值從一九二九年底的九千七百餘萬台元依路下滑到一九三二年的四千九百元萬台元探底，隨後雖也逐步爬升，但超越一九二九年的水平，已是一九三九年的事了。〔註76〕

以勞動者的角度來看，景氣的好壞，社會的氛圍，對勞工而言，最直接的影響就是薪水的多寡。以當時的島都台北市為例，一九二九年開始本島人的平均薪資所得多數就呈現明顯下滑的趨勢，回到一九二九年的薪資水平多半到了中日全面戰爭的一九三七年前後。〔註77〕若以日本人來和本島人相對比，日本人薪資也是明顯下滑，但仍普遍比本島人高出一倍左右，以裝配工為例，一九二九年日本人的平均日薪是三台元左右，本島人則是一點二台元，到一九三七年中日戰爭爆發，該年底的日本人裝配工日薪是二點七台元，而本島人裝配工日薪則僅一點一台元；其他行業的薪資趨勢雖不一定和裝配工相同，但大抵而言趨勢是一樣的。除此，在統計資料中，內地人的統計行業別也和本省人有不少差異，這可能是台灣對日本人的需求多半以較技術密集性或較高階的需求為主，如西服縫紉工、糖果製造工、靴工等在本省人的統計資料中就未曾得見。〔註78〕

見 http://twstudy.iis.sinica.edu.tw/twstatistic50/COMMERCE/Mt304.xls。（最後瀏覽 2012／05／15）

〔註75〕 據《台灣省五十一年來統計提要》網路版，表 269〈歷年各地工業生產總值〉，見 http://twstudy.iis.sinica.edu.tw/twstatistic50/INDUSTRY/Mt269.xls。（最後瀏覽 2012／05／15）

〔註76〕 據《台灣省五十一年來統計提要》網路版，表 321〈歷年輸出入貨物價值〉，見 http://twstudy.iis.sinica.edu.tw/twstatistic50/COMMERCE/Mt321.xls。（最後瀏覽 2012／05／15）

〔註77〕 據《台灣省五十一年來統計提要》網路版，表 301〈歷年本省人工人每日工資〉，見 http://twstudy.iis.sinica.edu.tw/twstatistic50/LABOR/Mt301.xls。（最後瀏覽 2012／05／15）

〔註78〕 據《台灣省五十一年來統計提要》網路版，表 302〈歷年日本人工人每日工資〉，見 http://twstudy.iis.sinica.edu.tw/twstatistic50/LABOR/Mt302.xls。（最後瀏覽 2012／05／15）

　　日本政府以戰爭帶動需求，自一九三一年起在中國開始發動九一八事變等軍事行動，台灣雖然短期內受到影響，但整體而言，在戰爭帶動需求的情況下，以貨物輸出而言，自一九三一年的最低點兩億又一百餘萬起就多半開始止跌回升，到一九三三幾乎已近兩億八千萬台元；而以輸入而言，由日本輸入的貨物總值到一九三三年就已經回復到一九二九年的總值，其後持續上升，反觀由其他國家的輸入貨品總值，從一九二九年的六千四百餘萬台元一路下探，整個三〇年代都只維持在三四千萬台元左右，直到一九四〇年才又突破五千萬台元，但直至終戰，皆未回到一九二九年之前六千萬台元的水平，〔註79〕我們可以很明顯的感覺到戰爭使得日本境內各轄地之前的經貿依存度各加緊密，而戰爭確實讓台灣快速的世界經濟大恐慌中復甦，甚而比經濟大恐慌之前更加茁壯。

三、小説中的無業者與工運悲歌

　　　　一羣羣的勞動者，洪水般地，從工廠裏，洶湧出去！

　　　　是不是回家休息？

　　　　是，是讓他們永遠地……

　　　　因廠主已把他們開除！

　　　　……

　　　　這失業的年代喲！

　　　　兇狠！猙獰！時時刻刻地，

　　　　總想虐弄勞動者的運命。〔註80〕

林克夫的新詩〈失業的年代〉，可以代表一九三〇年代初期的文學特色，崇尚寫實主義，關心民生問題。

　　延續著一九二零年代後半的政治氛圍，台灣知識份子在社會運動中奮起，從台灣文化協會，到台灣農民組合，到台灣共產黨，皆可看到他們對殖民統治者發出怒吼的聲音，但在經歷過一九二九年的「二一二事件」及一九

〔註79〕據《台灣省五十一年來統計提要》網路版，表 321〈歷年輸出入貨物價值〉，見 http://twstudy.iis.sinica.edu.tw/twstatistic50/COMMERCE/Mt321.xls。（最後瀏覽 2012／05／15）

〔註80〕節錄自林克夫〈失業的時代〉，原載於《臺灣新民報》第 372 號，1931 年 7 月 11 日。

三一年的台共大掃蕩中，知識分子們參與社會運動的路已然艱辛，一部分的知識份子選擇了離開台灣，一部分則轉身投入了文學創作及文化運動之中。

一九三零年代的台灣，經歷著「經濟大恐慌」的衝擊，象徵著台灣經濟中心的「島都」——台北市，也無法避免。

> 在台北市內徘徊走動，翻找垃圾箱的台灣少男少女，每一個都是下層生活者的小孩，據稱他們有非常強烈的竊盜傾向，正因爲是支那民族，所以時常會做出竊盜或其他輕微的犯罪行爲。……而沒有職業的無賴漢在街頭徘徊，常會做出種種凶惡的壞事，失業者不但無家可歸，也沒錢可以吃飯，有不少人因爲難以忍受飢餓窮困，就做起盜賊之類的事。無論哪一種全都是會毒害社會，與傷害良民的棘手人物，警察雖然經常嚴格的取締，也盡力教化社會，卻還是不容易貫徹到底，並逐漸成爲警察的麻煩。〔註81〕

殖民統治者眼中的本島人，除少部份經濟穩定者外，大多數的失業者，被這波經濟浪潮所衝擊而失去經濟來源的本島人，只能終日在街頭遊蕩，在日本人眼中，他們是所謂的「棘手人物」。

楊守愚在一九三一年發表了〈元宵〉，就藉由喜慶的元宵燈會，反襯出「貧家百日費，富人一頓光。」〔註82〕的社會現況。小說的主人翁宗澤，在街上散步，本想沾染些節慶喜氣，卻屢屢受到他人輕蔑的目光和言語，親身體會到了人窮被人欺的情況。

> 當此景氣日非，失業者一天多似一天，有的舉家挨餓，有的朝不保夕，他們倒得意洋洋的奢靡浪費。這，少數人的財物，從那裡來的呢？該死的只有捱餓捱凍的農工兄弟，他們克勤克苦所掙來的，也只好給不勞而食的富人們剝奪，唉！千金買一笑，誰又知道這反面卻含有多少血淚，斷送了多少生命呢？〔註83〕

一個人在街上的宗澤最後決定要去咖啡店裡享受著暫時的歡樂，而他的口袋中卻只有一角錢，只能買一杯咖啡的數字，女給也似乎看得出宗澤的消費水平，招呼他的口氣裡盡是輕蔑。一九三一年台中地區男性臨時工的日薪是零

〔註81〕 見〈台北的社會事業與貧民的生活〉，《台北市史》，P588～P590，轉引自星名宏修〈從一九三○年代之貧困描寫閱讀複數的現代性〉，《臺灣文學學報》第十期，頁111～130，2007年6月。

〔註82〕 見楊守愚〈元宵（二）〉，《臺灣新民報》第358號第10版，1931年4月4日。

〔註83〕 見楊守愚〈元宵（二）〉，《臺灣新民報》第358號第10版，1931年4月4日。

點六元，〔註84〕一杯價值一角的咖啡基本消費額絕對不算低，可是，到這裡的客人很少會只點一杯咖啡，原先想要來這裡稍微享受一下被伺候氣氛的宗澤，得到的是鄰桌客人的扮鬼臉似的冷笑，以及女給許久才「丟上桌的一杯咖啡」，對照著女給們對鄰桌客人的殷勤招呼，宗澤忍耐不住，咖啡一口沒喝的把錢丟在桌上就離開，而在他快步下樓之際，耳邊還彷彿傳來對他的訕笑聲，一切侮辱的根源，就是一個「窮」字。這個結果，和他等咖啡時的瞑想，其實是不謀而合的。

> 「假如我也有了錢，穿得漂亮，她們，哼！黑貓，不也對我慇懃備
> 至嗎？但我，唉！……」宗澤看看自己的破舊洋服，摸摸袋裏的一
> 個銀角，幾乎急得要流出淚來：「樂一樂，唉，現在不更苦了嗎？呸！
> 黑貓！」〔註85〕

楊守愚在〈一群失業的人〉中，描寫了中部霧峰地區一群失業者四處打零工卻蝕了本的故事。值得注意的是文中提到了一些物價及這群失業軍要求的工資對比，強烈的呈現出了失業軍的無奈，一種不求賺錢但求溫飽也不可得的窘境。

> 真是開台未有的不景氣，……呸！兩天工，還掙不到七角銀呢，賤，
> 賤，一塊錢三天工，瞎……真想不到，霧峰這麼富庶之區，也還是
> 如此。〔註86〕

> 一百斤蘿蔔祇賣三角銀，還會不壞嗎？這可以說是連工錢都抵不
> 上，何消說到血本。〔註87〕

在霧峰地區，他們要求的工資一天不足四角，幾乎不到行情的一半，但依然找不到工作。物價雖低，但他們沒有收入，仍然無法享受到物價低的好處。他們最後淪落到偷挖地瓜充飢，被主人發現因而落荒而逃，連最後的家當也丟失了。他們對老天爺提出了深刻的質問：「法律倒要叫人家餓死

〔註84〕 據《台灣省五十一年來統計提要》網路版，表 301－2〈歷年本省人工人每日工資〉台中地區，見 http://twstudy.iis.sinica.edu.tw/twstatistic50/LABOR/Mt301.xls。（最後瀏覽 2012／05／15）

〔註85〕 見楊守愚〈元宵（二）〉，《臺灣新民報》第 358 號第 10 版，1931 年 4 月 4 日。

〔註86〕 見楊守愚〈一群失業的人（上）〉，原載於《臺灣新民報》第 360 期第 10 版，1931 年 4 月 18 日。

〔註87〕 見楊守愚〈一群失業的人（中）〉，原載於《臺灣新民報》第 361 期第 10 版，1931 年 4 月 25 日。

麼？這還成甚麼法律呢？叫人餓死也不能拿東西來救救命，我們還要他幹嗎？〔註88〕」

　　夢華的小說〈鬥！〉裡頭，一個小孩孟達，為了爸爸的失業，從幸福的學校生活當中轉到了街頭賣油炸儈。

　　　　畜生！這樣豈不是空空上學校去遊戲嗎？

　　　　唉、你連台灣字也唸不來、那你是去學什麼？也不知先生怎麼教、

　　　　這樣學生竟說成績優良、那樣學校不用去！〔註89〕

孟達爸爸的笑罵一語成讖，失業的浪潮襲來，想讓孟達上學也不成了。即使孟達成績相當不錯，但經濟上的不許可，也只有主動退學的份。孟達努力的叫賣，有時受了風寒想休息，父母也只能硬著心腸拒絕孟達的請求。父親無言卻嚴肅的表情和母親含淚的臉說明了一切，他必須要試著拋下自尊，出門去為生計努力。

　　　　在學校裡常受褒獎的他、在遊戲競賽中常是得勝的他、要捧著油炸

　　　　儈、到他平日所看不起的人面前去求賜顧、在孟達任是怎樣也不能

　　　　這麼做〔註90〕……

　　　　夜這樣暗了、做夜業的工人、大約要散工了、還有一場生意可做、

　　　　他這樣想著、便捧起箍仔、衝著風由黑暗的道路、跑向光明的地帶

　　　　去。〔註91〕

小說名為「鬥！」，孟達人窮了，但他不願被看不起，於是不願被昔日同窗看見，而同學對他的恥笑，讓他燃起了爭鬥心，在血氣高漲下，他甚至忘了他的油炸儈生意，但是「鬥」到最後，他從夢境回到了現實，他趕忙著拿起他的生意工具，向著光明的地帶，能讓他生意興隆的工場去，這是他的妥協，對生活壓力下的妥協。

　　SM 生的〈可憐的老車夫〉，也是一個妥協的例子，景氣不好，形勢比人

〔註88〕見楊守愚〈一群失業的人（下）〉，原載於《臺灣新民報》第362期第10版，1931年5月2日。

〔註89〕見夢華〈鬥！（一）〉，原載於《臺灣新民報》第357期第10版，1931年3月28日。

〔註90〕見夢華〈鬥！（二）〉，原載於《臺灣新民報》第358期第10版，1931年4月4日。

〔註91〕見夢華〈鬥！（四）〉，原載於《臺灣新民報》第360期第10版，1931年4月18日。

強，大家搶客人的情況下，老車夫所能做的，就是任人宰割，勞力錢也比沒錢來的好。這篇小說不同於其他小說發表在《臺灣新民報》的第十版文藝區，而是發表在第十一版的〈社會寫真〉欄，既是小說，也是鮮明的報導文學，所不同的，只是主人翁沒了姓名，而這現象既然常常發生，報導中沒了姓名，也是一種「廣泛現象」的報導。

> 「出來了半天，一個神鬼都沒有拉得、一天四角銀的車租都恐無法
> 繳納......」
>
> 「到城內美人座去、要多少錢？」
>
> 「請坐上吧！兩角銀就好啦。」
>
> 「一角半去不去？」
>
> ......
>
> 「多一分錢也不要、你不去就算！」
>
> ......
>
> 前面來了一把空車子、那個青年闊客便向那車夫問：「到美人座、一
> 角半去不去？」
>
> 「好啊！」
>
> 老車夫趕緊跟後跑到......「先生、是我先給恁講的啊！」
>
> ......「你走不快、不要了！」〔註92〕

老車夫和年輕人一陣的講價，最後生意仍舊是被其他同業給拉走了，老車夫只能黯然的等待下一個客人。

> 木屐客並不問價錢，登上車單說：「拉到龍目町去！」
>
> 老車夫也拉起車就跑，便自己忖度說：「照定價最少也可賺三角半。」
>
> ......下了車，擲下一角銀，憤憤地就要去了。老車夫著起急來，把
> 車放下，跟上去說：「先生，到這裡照定價是三角半，天氣這麼熱，
> 也要多賞五分，要四角銀才行哩！」
>
> 「講啥貨？多要錢，來 XX 衙門領！」

〔註92〕見 SM 生〈可憐的老車夫〉，原載於《臺灣新民報》第 370 期第 11 版，1931
　　　　年 6 月 27 日。

「先生，三角半銀是官廳定的啊！」

「去！多講話就要打！」〔註93〕

老車夫好不容易拉到了客人，在路程更遠的情況下，失去了前一個客人，這次總會好一點吧！老車夫也就沒有先報價而直接拉車出發了。怎知在路程更遠的情況下，客人給的價錢還更低，不但沒小費，連官價都沒有。面對日本客人的惡言，老車夫軟弱的抗議完全沒有效果，老車夫最後也只能黯然忍受。對於資本者而言，勞動者眾，資本者得以精挑細選，恣意剝削，而多數勞動者也只能和老車夫一樣默然忍受著不公平。

一九三一年十月林克夫發表了小說〈阿枝的故事〉，和〈可憐的老車夫〉類似的有力者壓榨無力者的情境又再次出現。

> 工場是十時間制的、自早上七點鐘開工、一直地就到傍晚六點鐘——中午一小時休息用飯——才得歇業、有的工場的生意較好、社長認爲必要時、兼著夜勤、還要做到九點乃至十點鐘呢。……從這機械的粗暴的衝動聲中、漸漸地、又是急劇地、不知消磨了多少工人的血汗、毀滅了多少工人們的青春、幸福與生命。雖然、工人是永遠不會死完的、死了一個、不是反而就有了幾十百個勇敢地在情願把自己的生命、再蹈覆轍貢獻於機械的巨靈的祭壇嗎？所以報紙雖然天天在報導著工人的死傷、然而工人卻永遠不曾缺額過、機械也照常地大恣淫威在轔隆怪叫、資本家也正因此樂得不用顧慮到危險與否的這一件事情上面。〔註94〕

小說開頭就敘述了當時三〇年代的工場環境，林克夫藉由兩個工人阿生和阿九的談話，敘述著他們的前輩阿枝在工場苦勞的一生。阿枝父親早逝，母親改嫁，阿枝和繼父關係不好，離家出走，和朋友一起流浪、偷竊，被警察逮獲，出獄時是十四歲，繼父送他到工廠上班，一天工錢兩角半。阿枝就開始了他規律的工場人生，直到五十五歲，三十一年的勞動生涯中，社長廠長更迭，人人都領到了退職金去瀟灑度日，而阿枝五十五歲停工期一到，工場認爲阿枝再也沒餘力爲工場掙取最大的利潤，阿枝也就被趕出去工場，開始淪

〔註93〕　見 SM 生〈可憐的老車夫〉，原載於《臺灣新民報》第 370 期第 11 版，1931 年 6 月 27 日。

〔註94〕　見林克夫〈阿枝的故事（上）〉，原刊於《臺灣新民報》第 384 期第 10 版，1931 年 10 月 3 日。

—46—

落街頭。期間，阿枝也曾想過要離開這個環境，為自己的未來拚搏，但是缺乏技能使他最終仍舊沒有辦法下定決心去闖，也就自我安慰似的日復一日的以勞動換取溫飽。

> 我也曾幾次想到要逃脫這桎梏的束縛、但、從前那種漂流、凍餒、與蹭蹬的餘味、卻叫我恐怖、叫我再沒有嘗試的勇氣、老友、我錯了、我現在後悔了、我詛咒我當時的心、不中用的獃子喲！……
>
> 在這裡所受到的壓迫與刻剝、這是你目睹而又身受的了。其實能夠比做一個浪人好多少呢、痛苦痛苦、雖說衣食住比較安定點、然而已不復是人了。不，是工場主家的捕虜、機械的犧牲。我、不、我們勞工、也就全體在於這最廉賤的代價之下，把一生斷送了。〔註95〕

看到阿枝的命運，年紀也快屆滿五十五歲的阿生和阿九兩人，也體悟到了自己不久後的未來，不同的是，他們並不想要坐以待斃，他們要為自己的未來向資方鬥爭。

> 你悲傷嗎、沒有用處、這是現代資本主義社會的普遍現象、這一個輪迴的悲運、是誰也不能避免的、想要保障這一個危機的襲擊、除掉鬥爭……我們唯一的武器、就是同盟罷工、在這偌大的團結之下、那喊聲、那氣力、是超越一切的、你看五一勞働節、是多末偉大的一日喲、這啟示了我們未來的勝利底趨勢。〔註96〕

林克夫雖然沒有在小說的尾聲點明了工人們的勝利，但他在小說裡點出了弱小工人唯一的希望就是同盟鬥爭，這是一個美麗的憧憬。事實上，一九三一年二月十八日台灣民眾黨被官方勒令禁止結社後，台灣工友總聯盟的聲勢也隨之大為困頓，同年九月台灣共產黨重要成員也幾乎都被逮捕。主導工運的兩大團體在這一年都被官方瓦解，勞工運動在缺乏有人居中斡旋規畫之下，迅速萎縮。

〔註95〕見林克夫〈阿枝的故事（下）〉，原刊於《臺灣新民報》第386期第10版，1931年10月17日。

〔註96〕見林克夫〈阿枝的故事（下）〉，原刊於《臺灣新民報》第386期第10版，1931年10月17日。

表2－3－1：勞工爭議件數表〔註97〕（簡版）

	爭議件數	參與人數
大正十五年，昭和元年（1926）	26	1280
昭和二年（1927）	69	3312
昭和三年（1928）	107	5445
昭和四年（1929）	49	1900
昭和五年（1930）	59	15706
昭和六年（1931）	52	2256
昭和七年（1932）	29	2002
昭和八年（1933）	22	1571
昭和九年（1934）	18	1294

　　根據《台灣總督府警察沿革誌》中卷中關於勞工運動的統計，勞工爭議的件數從一九二〇年（大正九年）至一九三〇年（昭和五年）間一直呈現增加的趨勢，一九三〇年達最高峰，計五十九件共一萬五千餘人參與，但一九三一年勞工抗爭運動兩大指導單位被瓦解後，該年的爭議件數降爲五十二件，件數降幅不大，但參與人數卻遽降至兩千兩百餘人，一九三二年以後勞工運動就明顯式微，原因就是兩大組織都被瓦解而群龍無首之故。規模不夠又缺乏規劃的勞工運動對資方而言幾乎不痛不癢，於是常常被資方各個擊破，成功率低，工人們也就只得噤聲，以免連工作都不保，畢竟那是一個人多於事的勞動環境。而林克夫筆下的希望，唯一的可能性就是要「團結」，唯有團結才會有抗爭的機會。

　　孤峰於一九三一年發表在《臺灣新民報》的小說〈流氓〉中，對這些流浪失業者的境遇，有著深刻的描寫。失業者是無能或是偷懶的嗎？或許，大環境的不景氣的原因是更爲顯著的。

　　失了業，在先我也打算無什麼要緊，我想若肯勞動，豈會無工可作？
　　哪曉得竟眞無工可作，我已閒到將近兩年了。

〔註97〕原稱《台灣總督府警察沿革誌第二篇——領台以後的治安狀況（中篇）》，本表據稻鄉出版社於1992年2月出版並更名爲《台灣社會運動史》之勞工運動與右派運動部分，翁佳音譯註，頁40～41。

> 啊！在先我也是這樣想著，而且也很樂觀，現在物價都較便宜，蕃
> 薯百斤五六角，白米也只六角外，最不中用，點心擔的清粥，一大
> 碗兩點，一日有六點錢，當不致挨餓，無想到一日六點錢也賺不來。
> 〔註98〕

對照一九二六至一九三一年間的工資狀況，本島人的工資一日大約零點七元
至一點七元不等。〔註99〕如果找的到工作，糊口不難，但不幸的是，似乎是
人比事多，物價雖低，但就業率更低。孤峰在小說的文末，刻劃了一段辛辣
的文字。

> 這兩年來，一日食三頓的，只有二十九工。……
>
> 那是去年勞動節那一天，我去聽文化的講演會，看見辯士被無理中
> 止的時，我喊一聲橫暴，隨時兩個警察便把我捉去，到了衙門，一
> 個竟無故打我的嘴巴，我不服氣和他對打起來，但是他們兩個，我
> 只自己，終是吃虧，隔日喚到司法室，便被即決廿九工。〔註100〕

明明是一件悲慘事，但夥伴一提到一日三頓的白米飯，大家聯想到的，卻不
是日本人的橫暴，而是一種對白米飯心嚮往之的情緒。

除了日本人的橫暴，孤峰也對本島人的迷信，進行了批判。

> 前日不是王家有很熱鬧的出葬嗎？就在這前一天的晚上，他家大做
> 功德，普施餓鬼。……講起來是很可惡的，他們粿粽幾百十擔，羅
> 列滿街，我餓久了，嗅到飯的香氣，腹裡愈是難受，不覺走到飯擔
> 邊去，當人不注意的時候，撮一把送進嘴去，不打算背後站著一人，
> 被他罵得使我擡不起頭，你講可惡不可惡？餓人竟不如餓鬼！我真
> 想在那時候能突然死去就好。〔註101〕

人不如鬼，但說話者想的竟是「死了能變成個飽鬼」，台灣人的「認命」又一

〔註98〕見孤峰〈流氓（下）〉，原刊於《臺灣新民報》第370期第10版，1931年6
月27日。

〔註99〕據《台灣省五十一年來統計提要》網路版，表301〈歷年本省人工人每日工資〉，
見 http://twstudy.iis.sinica.edu.tw/twstatistic50/LABOR/Mt301.xls。（最後瀏覽
2012／05／15）

〔註100〕見孤峰〈流氓（下）〉，原刊於《臺灣新民報》370第10版，1931年6月27
日。

〔註101〕見孤峰〈流氓（下）〉，原刊於《臺灣新民報》370第10版，1931年6月27
日。

次的展現。最後文末孤峰藉由大家的憤慨與激昂，響起了「打倒資本家」的口號，而小說也在這裡收尾，給讀者一個無限想像的空間。

經濟大恐慌的風潮吹向台灣，助長了台灣左翼組織的發展，也引發了政府的憂心而開始強力壓制，除了對社會運動團體的壓制外，也對文學產生了壓迫，文學場景中的抗爭或許帶著許多文學家們對社會的希望，然而在現實中，官方的壓迫掃蕩後，台灣社會正思考著如何走出另一條路。

第四節　小結

一九一五年後，日本的統治穩固了，各項建設也逐一完成，台灣在社會安定的情況下人口大幅成長，而土地的成長幅度有限，於是多餘的人力就在官方和資方的引導下導入工業活動。在資方極力壓低人事成本的情況下，勞工的工作內容和所得相比多數是不相稱的。但勞工們爲了糊口也只得勉力爲之。

日本在台灣推動了教育，民智漸開，知識分子和國際接軌，接觸到了左翼思想，開始爲勞工發聲，一部分以實際行動投入，包括台灣文化協會、台灣共產黨、台灣農民組合、台灣民眾黨等都試著爲勞動人民發聲，農運和工運也逐漸蓬勃，但最後在政府的打壓下逐漸式微。

由趙經世的短篇小說〈賢內助〉開啓了勞工小說的大門，而賴和的〈一桿稱仔〉則是爲臺灣新文學勞工小說打下了左翼的種子，新文學小說家們用手中的筆爲農民與勞工發聲，賴和、鄭登山、陳虛谷等人以一篇篇的文學作品持續在報刊上刊出，直指日本人欺壓百姓的寫實的筆法引起了社會的注意，筆下對農工們的勞動條件和生活細微刻劃，也對資方和官方的欺壓行爲做了描述，官方對於這些寫實的文學作品起初未強力打壓，但在社會氛圍下民眾逐漸自我覺醒，農民運動和勞工運動日熾的情況下而不得不做出回應。

一九三一年官方開始收網，對台灣共產黨與台灣民眾黨等社會運動領導組織進行瓦解行動，對報刊的文字檢查尺度也開始緊縮，報刊中的「挖空」也逐漸增加，台灣社會運動的方向開始由對抗轉變成改革，文學家們也開始思考如何因應尺度，並思考著除了《臺灣民報》以外的發表管道。一九三二年開始，臺灣文學雜誌逐一登場，開啓了新文學小說的另一波高潮。

第三章　新文學勞工小說的興盛
（1932～1937）

　　二〇年代台灣發生了新舊文學論戰，新文學擁護者與舊文學支持者相互為了文學表現的媒介而展開論戰，論戰的結果並未分出高下，雙方各自走著自己所堅持的文學道路。一九三一年日本擴大對中國的戰爭，發動九一八事件，在台灣，也加大了對社會運動壓制。此時，台灣的知識份子間也為了語言使用的問題，爆發了鄉土文學論戰，中國白話文派和台灣話文派雙方為了使用語文而展開了爭論，加上一貫使用日文的作家，以及以教會體系為中心，默默推廣著教會羅馬拼音系統的羅馬拼音派，臺灣文學的舞台上，呈現出了多語共榮的現象，論爭雖然最後仍舊沒有勝利者，但也加深了彼此的部份了解。除了羅馬拼音派外，另三派於一九三四年組成了臺灣文藝聯盟，並發行了機關誌《臺灣文藝》，為臺灣文學而努力。一九三六年臺灣文藝聯盟內部因為風格走向問題發生摩擦，楊逵出走另創《臺灣新文學》。隨著一九三七年日本和中國的戰爭全面爆發，官方開始限縮漢文的使用，臺灣文學又走入了另一個新的階段。

　　本章分為四節，第一節探討臺灣新文學雜誌的興起，以及其中勞工描繪的小說，焦點場域以台灣為主，第二節則是探討同時期在東京的留學生們創刊的《福爾摩沙》到一九三四年臺灣文藝聯盟成立後的新文學發展盛況以及此時的勞工小說篇章，第三節則討論一九三六年楊逵出走《臺灣文藝》後的創立《臺灣新文學》所影響的新文學走向以及此時的勞工小說概況，第四節是本章的小結。

第一節　雙管齊下的臺灣新文學──新文學雜誌的興起

一、從《臺灣文學》到《南音》

　　臺灣新文學雜誌的開端首推楊雲萍在一九二五年三月創辦的《人人》，該刊創刊號內容僅有楊雲平和江夢筆兩人的作品，可說是一份白話文實驗性質相當濃厚的刊物，內容以新詩、隨筆、小說、以及外國作品的譯作爲主。第二期則遲至一九二五年底才出刊，因江夢筆前往中國，楊雲萍向其他人邀稿，包括發表一連貫向舊文學宣戰文章的張我軍、曾加入台灣共產黨的翁澤生、在戰後整理台灣風土民俗傳說的江肖梅等人，當時都有作品刊出，但是這本第二期同時也就是最後一期，隨後就宣告停刊了。

　　二〇年代除了楊雲萍外，一九二五年張維賢也創辦了《七音聯彈》〔註1〕雜誌，對當時的古典漢詩人連雅堂提出的批判，而這也是延續自 1924 年張我軍掀起的新舊文學論戰的另一波對舊文學的反擊。〔註2〕其他包括了《鯤洋文藝社報》等其他雜誌，但多半屬於小規模的試辦性質，不論是發刊量或是期數都不多，新文學作家的舞台主要還是以《臺灣民報》爲主。

　　一九三〇年六月，王萬得與周合源、陳兩家、江森鈺及張朝基等五人創辦《伍人報》〔註3〕，其名以創辦者西上述共五人而命名。據《台灣社會運動史（一）文化運動》所述，其創刊號就發行了三千份之多。〔註4〕然而《伍人報》因言論尺度之故，屢受官方查禁，到一九三〇年十二月就不得不停刊了。除了《伍人報》外，有同樣類似下場的還有楊克培的《台灣戰線》、林斐芳的《明日》、黃白成、謝春木的《洪水報》、林秋梧的《赤道》等。

〔註1〕　見台灣記行──百年臺灣文學雜誌特展網頁，《七音聯彈》目前仍未出土。詳見 http://memory.ncl.edu.tw/tm_new/subject/literature/japan02.htm#2。

〔註2〕　見向陽〈再現南投「意義地圖」──析論日治以降南投新文學發展典模〉，參見 http://tea.ntue.edu.tw/-xiangyang/chiyang/tailit10.htm。

〔註3〕　該刊第十五期後改稱《工農先鋒》，後與《台灣戰線》合併爲《新台灣戰線》，爲思想、文藝雜誌。然該刊因言論尺度之故，屢受官方查禁，目前亦尚未出土。

〔註4〕　見《台灣社會運動史（一）文化運動》，頁 402～403。此書原名係台灣總督府警察沿革誌第二篇領樓以後的治安狀況中卷，海峽學術出版社，2006 年 4 月初版。

　　除了臺灣人發行的雜誌常因言論尺度的關係被查禁之外，日本人所發
行的雜誌也不得倖免，如日本人別所孝二主編的《臺灣文學》就難逃這樣
的命運。《臺灣文學》是由一群愛好文藝的日本人和臺灣人共同組成的「臺
灣文藝作家協會」所發行的機關誌，該協會成員如藤原泉三郎、上清哉等
日本左翼文學青年曾受到日本具代表性的左翼團體「納普」所啓發，於一
九二九年九月在台北創辦發行了《無軌道時代》〔註5〕，但僅發行三期，而
後便在官方壓力下於一九三〇年九月宣告停刊。一九三一年三月他們再次
集結，作成了《臺灣文藝作家協會創立主旨書》，並且開始招募會員，同樣
愛好左翼思想的台灣青年如王詩琅、張維賢、周合源等人先後加入，同年
六月三十一日他們在台北市的高砂沙龍舉辦了創立總會，並於同年九月開
始發行機關誌《臺灣文學》。

　　臺灣文藝作家協會的成員包含了日本人與台灣人，成立的主旨是「爲了
提倡臺灣文藝作家的全面性團結」，而創立會場上的標語揭示著「確立新文
藝」、「推廣文藝大眾化」〔註6〕可見一般。

　　二．本協會以探究新文藝並將其確立於台灣爲目的。

　　三．本協會以贊同本協會主旨且積極協助事業的文藝作家所構成。

〔註7〕

從上述節錄的《臺灣文藝臺灣文藝作家協會規約》中來看，表面上來看這是
一個以文藝爲主要目的的團體。但該團體一成立就受到官方的注意，主因是
因爲成員中許多都和社會運動者有關，如藤原泉三郎、上清哉兩人是日本「納
普」〔註8〕（NAP）的追隨者，王詩琅曾被捲入「黑色青年聯盟」事件，周合
源是《伍人報》的五人成員，加以當時官方正積極的進行著「台共大逮捕」，
自然對相關人員的人際網絡也會密切注意，所以他們的機關誌《臺灣文學》
在創刊號一出刊就立刻被查禁。他們在十月二日發行的《臺灣文學》第一卷

〔註5〕　轉引自橫路啓子《文學的流離與回歸——三〇年代鄉土文學論戰》，頁219，
　　　　聯合文學出版社，2009年10月20日初版一刷。
〔註6〕　見橫路啓子《文學的流離與回歸——三〇年代鄉土文學論戰》，頁223，原文
　　　　爲日文，此處引橫路啓子之書內之譯文。
〔註7〕　此爲9月於大會上所公布的《臺灣文藝作家協會規約》16條中的2條，見《台
　　　　灣社會運動史（一）文化運動》，頁410。
〔註8〕　納普爲簡稱，全名爲全日本無產者藝術聯盟，是一個專注在宣傳共產主義文
　　　　學運動發展的組織。

第二號內就附上了被禁的創刊號的目次供讀者了解他們創刊號的收錄篇章，
似乎也是在對官方的言論統制進行一種無言的抗議。

　　因爲《臺灣文學》目前出土狀況並不完全，加以發刊期間常被官方禁
止發行，所以目前學界對該刊的發刊期數眾說紛紜，〔註9〕但從《台灣社會
運動史（一）文化運動》中官方的紀錄可得知官方對該雜誌的態度並不友
善。

> 　　臺灣文藝作家協會雖在規約上記述有「新文藝的探究，以及它在台
> 灣的確立」，但參照其創立的經緯以及發起人和多數會員的意圖所
> 在，則很明顯地並非以如此籠統的文藝運動爲其目的。井手薰曾經
> 對其經過有如下描述：「台灣共產黨把重點置於組織的重建，爲此派
> 遣出各種各樣的組織者。但在此需要注意的是台灣的勞農幾乎都是
> 本島人。在此對所謂的內地人（其多數爲小資產階級或知識份子）
> 的影響工作（當然不是組織）仍有其必要。因此我們在此際擬欲利
> 用文學」。又對有關會議的目的則指出會員中有「認爲是普羅列塔尼
> 亞文化的建設而爲此努力者」；也有人以爲「和實踐團體保持完全的
> 聯絡下，利用臺灣文學當作組合的一項武器，或作爲實踐團體的預
> 備軍，或扮演同路人的角色，從而使普羅列塔尼亞文化的建設成爲
> 階級鬥爭的一項武器。」等等各種見解的人。但不管任何意見，其
> 欲負起台灣共產主義運動的一部分任務，企圖推行普羅列塔尼亞運
> 動的事實是毫無疑問的。〔註10〕

在經歷過一九三一年底的大掃蕩之後，許多社會運動團體幾乎都被消滅或弱
質化，臺灣文藝作家協會的成立與活動，正好經歷了這個關鍵的年代，進入
一九三二年後臺灣文藝作家協會也試圖擴大活動，並加強和台灣本土的連

〔註9〕　在「台灣記行——百年臺灣文學雜誌特展」，網頁中介紹是四期，橫路啓子認
　　　　爲是六期（見《文學的流離與回歸——三○年代鄉土文學論戰》頁223），而
　　　　筆者曾在中島利郎所編之《1930年代台灣鄉土文學論戰資料彙編》中發現賴
　　　　明弘的〈對最近文壇上的感想〉一文中提及《臺灣文學》六月號內的作品，
　　　　可知該刊至少有發行到1932年6月，若從1931年9月的創刊號起算，1932
　　　　年1月2月是合刊號，月刊發行到6月，中間若無脫刊，則發行可能有9期
　　　　以上。目前國內可見的部分有台灣大學圖書館楊雲萍文庫內有收藏該刊一卷
　　　　二號（10月號）、一卷三號（11月號）、以及二卷一號（1月2月合刊號）三
　　　　本，惟詳細狀況仍待後續資料出土以資驗證。
〔註10〕　見《台灣社會運動史（一）文化運動》，頁412～413。

結，如《臺灣文學》第二卷第一號裡曾刊出李斌的漢文新詩〈媽媽！！別吧〉，並且專欄徵求「漢文欄」原稿。

「漢文欄」原稿募集

「臺灣文學的大眾化」！！
這是本協會員的希望。所以自本號起設置漢文欄了。但是可惜！同仁等十二分薄弱於漢文素養。
希望讀者諸君。用大眾的力量來建設「臺灣文學」現在頁數雖少、但將來會得再增設。
希望讀者諸君。多送
創作、詩、評論等用漢文投稿吧！！！

「臺灣文學」編輯部〔註11〕

臺灣文藝作家協會的雄心壯志最後仍因不敵現實，仍舊是無疾而終，活動逐漸趨於消極。目前的相關紀錄中僅看到該協會最後曾在一九三二年出刊到六月號，並在七月十七日於台北市太平町如水社所開了一次座談會〔註12〕之外，其後就毫無活動與出刊紀錄了。

從現存的三期《臺灣文學》來看，創刊九月號全刊被禁，第二號十月號有五篇被刪減，第三號十一月號雖完整發行，但二卷一號合刊本仍然被刪減了兩篇，可以知道官方對這本刊物的檢查頗為嚴格，一九三二年六月號的《臺灣文學》曾刊了一篇朱點人的〈打倒優先權〉〔註13〕，這篇小說目前僅存底稿，實際刊出時是否有被刪減目前無從得知，但是我們仍然可以從這篇小說的底稿看到朱點人小說中的抗爭性。

與其徬徨於餓死線上，毋寧再做第二次的鬥爭！〔註14〕

〈打倒優先權〉一文述說了一群台灣的人力車夫在深夜相聚，近來生意清

〔註11〕　見《臺灣文學》1，2月合刊號，頁94，字體放大、粗體、均為原編輯部所加。因館藏原件缺版權頁，故出刊日期不詳。
〔註12〕　見《台灣社會運動史（一）文化運動》，頁416。
〔註13〕　據中島利郎所編之《1930年代台灣鄉土文學論戰資料彙編》中發現賴明弘的〈對最近文壇上的感想〉一文中提及朱點人曾在《臺灣文學》六月號發表本篇小說。但因《臺灣文學》六月號目前尚未出土，目前僅存朱點人寄給賴和審閱的原稿，見賴和紀念館線上資料庫 http://cls.hs.yzu.edu.tw/laihe/liveingbooks /book_allother_1.asp?sqno=8。（最後瀏覽：2013年4月14日）
〔註14〕　見賴和紀念館線上資料庫 http://cls.hs.yzu.edu.tw/laihe/liveingbooks/book_ allother_1.asp?sqno=8。（最後瀏覽：2013年4月14日）

淡的他們不免怨聲載道，原因正出在他們沒有法定的拉車優先權，所以每次只能眼睜睜地看獨佔優先權的日本車夫們載著客人揚長而去。他們嘗試抗爭，但體制內的抗爭——組合的談判失敗了。他們的抗爭只剩下團結一樣武器。

> 說什麼高見？只要我們會團結，團結便是我們的武器！〔註15〕
>
> 我們納過鑑札稅，著是照道理來講，台北州下無論什麼地方，都一任我們討生涯的。難道 P 駅不是台北州管嗎？我們沒有不能去的道理？有了鑑札稅，就免優先稅，有了優先稅，就免鑑札稅；這是一定的道理！

於是，秉持著「我們納過稅，有同等權利」的車夫們決定要展開行動，對有優先權的日本車伕們展開抗爭。

> 「哈哈，權利在這裡，你們沒份。通通開路ヨロシ！」一個日本人車夫操著半可通的台灣話，挑戰著對台灣人車夫嘲笑……
>
> 「動手！」突然在這方車夫中，出了一聲號令。摩拳擦掌地，一擁而攻入了日本人車夫的陣營；手起腳落處，那裡的手車，翻了過來，這裡的手車，滾將過去。
>
> 「打！打！打！」
>
> 「アッ！イタッ……」一個日本人車夫鼻血直注。
>
> 九點鐘的列車在 P 駅鳴著長時的喘息，鳴聲尚且未定，只見從北門町方向飛也似的臺灣人車夫，拉著數十把手車，直奔 P 駅來。……
>
> 一時景氣換了一轉機……〔註16〕

在文中，台灣車夫最終靠自己的力量獲得了勝利，也顛倒了景氣！朱點人讓勝利的臺灣車伕們四處遞送的宣傳單迎風飄送，而小說也在這勝利氣氛中「非常清晰」地結束了。而那傳單的內容是這樣的：

〔註15〕 見賴和紀念館線上資料庫 http://cls.hs.yzu.edu.tw/laihe/liveingbooks/book_allother_1.asp?sqno=8。（最後瀏覽：2013 年 4 月 14 日）

〔註16〕 見賴和紀念館線上資料庫 http://cls.hs.yzu.edu.tw/laihe/liveingbooks/book_allother_1.asp?sqno=8﹐。（最後瀏覽：2013 年 4 月 14 日）

> 唯有鬥爭才是出路！與其徬徨於餓死線上，
> 審可扠向「生」的道路上去！
> 越！越過死線！
> 我們斷然的：
> 　打倒優先權！
> 　反對組合無能！
> 　南北同盟！
> 　　　南北人力車夫鬥爭同盟會

　　朱點人在這段文字上加框，〔註 17〕除了要強化這段「傳單」文字的擬真效果外，並且還大量使用抗爭字眼如「鬥爭」、「越」、「打倒」、「反對」等辭彙，充分的表現出朱點人對不公不義諸事的抗爭態度。

　　也因為這篇小說的結尾太過激進，寫作完成時朱點人的另一篇作品《島都》尚未刊載，〔註 18〕或許朱點人對自己作品中的文字心有疑慮，故而將原稿寄給賴和來評點。解昆樺認為這篇文章過於尖銳所以在日治時期並沒有刊出。〔註 19〕但事實上該文確有刊出，〔註 20〕筆者認為文章如此尖銳，或許刊本和原稿在詞句上已稍作斟酌，所以才得以刊出。本文原稿末頁朱點人也寫出寄給賴和是希望賴和能幫其稍作斟酌與修改，可惜《臺灣文學》六月號該期迄今尚未出土，無法得知刊出的原貌是否已作修改。但從朱點人會寄出一篇具有強烈抗爭意識以及對抗日本人的小說給日本人編輯群為主的《臺灣文學》，或許也可以說明《臺灣文學》這本刊物的言論尺度確實也較大吧。

　　一九三二年新年，由黃春成、張星建創刊了新文學雜誌《南音》，《南音》的出現，打破了以往文學在白話文雜誌中附屬的地位，而《南音》的野心，從署名奇所發表的〈發刊詞〉中可見一般。

　　我們相信台灣今日人心，其所會離散墮落者，勿論政治，經濟以及

〔註 17〕 原稿中朱點人自己就已加上框，有斷句但無明顯斷行。此處斷行為筆者所加。

〔註 18〕 據原稿上的完成時間是一月廿日，而〈島都〉在《臺灣新民報》刊載的時間是一月卅日起。

〔註 19〕 見解昆樺〈左翼的疼痛：朱點人〈打倒優先權〉、〈島都〉、〈秋信〉中的身體經驗〉，見 http://nutnr.lib.nutn.edu.tw/bitstream/987654321/7520/1/%3F%3F%3F%3F.pdf。（最後瀏覽：2013 年 4 月 14 日）

〔註 20〕 見中島利郎所編之《1930 年代台灣鄉土文學論戰資料彙編》中發現賴明弘的〈對最近文壇上的感想〉一文中提及朱點人曾在《臺灣文學》六月號發表本篇小說。

社會生活上的困迫，不如意確是一大原因。然而從來我們的精神生
活上在很長的期間中，缺少思想的訓練和文學的涵養這一層，也是
不可蔑視的一大病根，在這百不如意的環境裡，想要提高一點點臺
灣的文化，向上我們的生活，除卻從事這方面的工作而外，實在是
少有辦法的，所以本誌在做同人自己表現一些牢騷之外，還期待牠
能做個思想知識的交換機關，盡一點力於文藝的啓蒙運動，……所
以本誌當期待先做箇研究，「怎樣纔能使多數人類領納得思想和文藝
的生產品」的機關，換句話講，就是有甚麼方法或是用甚麼工具和
形式來發表，才能使思想，文藝浸透於一般民眾的心田，這是本誌
應當努力的一個使命。〔註21〕

從末尾「有甚麼方法或是用甚麼工具和形式來發表，才能使思想，文藝浸透
於一般民眾的心田」一句便可看出《南音》的雄心壯志。《南音》共出刊十二
期，其中的第九、十、十二這三期被禁刊，〔註22〕南音的內容，有許多標榜
建設「台灣話文」的評論，而「台灣話文」如何寫，便引起了許多有志於臺
灣新文學的同人們討論。

　　關於臺灣話如何寫成文，在一九三〇年時黃石輝便曾在《伍人報》上的
登高一呼：「你是臺灣人，你頭戴臺灣天，腳踏臺灣地，眼睛所看見的是臺灣
的狀況，耳孔所聽見的是臺灣的聲音，時間所歷的亦是臺灣的經驗，嘴裡所
說的亦是臺灣的語言，所以你的那隻如椽的健筆，生花的彩筆，亦應該去寫
臺灣的文學了。」〔註23〕而臺灣文學怎麼寫呢？黃石輝更進一步闡明「用台
灣話來寫」，接著郭秋生也於一九三一年七月七日開始在《臺灣新聞》上連載
了三十三回的〈建設「臺灣話文」一提案〉，試著把臺灣話文能夠「標準化」，
而黃、郭二人的意見引起了有志於引入中國白話文作爲書寫規範的廖漢臣、
朱點人、林克夫等人的反彈。

〔註21〕 見奇〈發刊詞〉，《南音》創刊號，頁2。1932年1月1日出版。《臺灣新文學
　　　　雜誌叢刊》復刻本第一冊。
〔註22〕 據黃得時〈臺灣新文學運動概觀〉所言，而目前《臺灣新文學雜誌叢刊》中
　　　　所見除第12期外，第九、十期合刊本是可以看到的，蓋是被禁，但坊間有人
　　　　收藏。
〔註23〕 見黃石輝〈怎樣不提倡臺灣文學〉，原刊於《伍人報》第9～11號，1930年8
　　　　月16日～9月1日，轉引自中島利郎所編之《1930年代台灣鄉土文學論戰資
　　　　料彙編》。

　　我所要反對先生用臺灣話做文寫詩者，並不是俗與不俗，雅與不雅，
就是我們臺灣話還且幼稚，不夠作為文學的利器，所以要主張中國
的白話——如日本各地方標準東京語——一樣，而來從事我們的創
作。至如方言，在言語沒統一之前是難得免的，我們只管費點功夫
給他註解註解，就是沒有弄不清草了。此外，我們標準中國白話可
以直接使用文字表現內在的必然，讀者也不至於誤會字義，而且到
處也可以通行。〔註24〕

《南音》創刊，中國白話文派的廖漢臣等三人也送上了祝福語，而語詞中也
帶有著對刊物的期許與對中國白話文的鼓吹。

　　文明病還有一種附屬病——臺灣話的野言毒語——文盲的病勢愈劇
烈，野言毒語的熱度愈高沸，這是文盲病的一往症候。好在這年頭
來了一粒救星，哦！「南音」……要把野言毒語，加以改造。

　　（朱點人）

　　該誌的最大使命，是要「促進臺灣的文化，提高民眾的文藝思想」，
使民眾領納文藝作物！簡明的說，是要努力「文藝的普通化」，應該
要借重平明而易解的表現形式。如迂潤澀滯的舊文，雖在文化運動
的促進，有點功用；然於「大眾化的問題」，是有不共戴天之勢，所
以，我很願望辦事諸先生，酌量一下，可及的底，廢棄舊來的文體！
就是要望該誌鮮明旗幟啦。（廖漢臣）

　　文盲症，排除骨董舊文學，用現代的白話文來描寫日常生活，詩歌
啦！小說啦，等等給無產大眾的兄弟去念去讀。（林克夫）〔註25〕

除了三人外，包括陳逢源〈對於臺灣舊詩壇投下一巨大的炸彈〉，也在內直指
「詩社是阿片窟」〔註26〕，可見《南音》這本雜誌的立場，是反對舊文學的
一本「新文學的文藝刊物」，而因為郭秋生等人在這裡發表了一連串的〈臺灣
話文試驗欄〉與〈臺灣話文討論欄〉，嘗試著就中國白話文派批評「臺灣話文
有音無字，無法標準化」的說法進行了試驗，所以這本刊物也被視為是臺灣

〔註24〕　見廖漢臣〈給黃石輝先生——鄉土文學的吟味〉，原刊於《昭和新報》140～
141號，1391年8月1日、8日。轉引自中島利郎所編之《1930年代台灣鄉
土文學論戰資料彙編》。

〔註25〕　三人的祝賀詞見《南音》創刊號，頁1～3，1932年1月1日出版。

〔註26〕　見陳逢源〈對於臺灣舊詩壇　投下一巨大的炸彈〉，《南音》創刊號，頁5，1932
年1月1日出版。

話文派的堡壘，但除了「臺灣話文」相關討論之外，由於所刊的的散文多半是讀書雜記或是身邊瑣事的描寫，小說的量也不多，整體水平並不高，所以在日文派的刊物《福爾摩沙》創刊時，楊行東曾在上面批評《南音》這本刊物是「腐心於風花月鳥的貴族文學」〔註27〕。但作爲開發「臺灣話文」這一點上，《南音》在臺灣新文學雜誌史上是有其貢獻的。

就勞工文學而言，值得注意的是發表在《南音》雜誌第三號和第四號上赤子的〈擦鞋匠〉及第十二期徵文的得獎之作自滔之〈失敗〉。

> 怎麼同是人類社會的一份子，會生出「替人」與「被人」兩種不同
> 的人物？〔註28〕

在〈擦鞋匠〉小說中，開頭便點出了社會的不平等。小說裡的擦鞋匠爲了推銷鞋油，推出了「無料給你擦鞋」，只盼望被服務的客人能夠購買一匣，一位客人M組合長接受了擦鞋匠的服務，不忘揶揄擦鞋匠的生意好做。

> 你一天能掙多少錢？……那麼？至少也有二圓銀吧！假使你一天跑
> 三四十個所在，一所在平均給你買一匣，豈不能賣上三十多匣嗎？
> 一匣三角銀，按三割抽，三十多匣，合計起來，可不是能得二圓多
> 錢呢？像這樣年冬，還讓你發一筆大財吧！〔註29〕

若依一九三二年臺灣首善之區台北的勞工薪資水平，一天能賺兩圓的行業是少之又少，〔註30〕擦鞋匠很清楚的知道客人是在揶揄他，也只得按耐下來陪著笑臉自我解嘲。

> 唷！先生，別開頑笑，你不知道我們給會社雇做販賣工，照規例沒
> 有薪水，皆由賣上額抽分的。賣上十圓才抽九角，打失一個，也要
> 我們賠償。先生，你想一天任我怎樣奔跑，也不過幾所在而已，空
> 走除在例外，所有光顧的，賣一個，擦一回，一天有幾多時間呢？
> 〔註31〕

〔註27〕見楊行東〈臺灣文藝界への待望〉，《福爾摩沙》創刊號，頁19，1933年7月15日。

〔註28〕見赤子〈擦鞋匠（上）〉，《南音》第三期，頁34，1932年2月1日。

〔註29〕見赤子〈擦鞋匠（上）〉，《南音》第三期，頁36，1932年2月1日。

〔註30〕據《台灣省五十一年來統計提要》表301〈歷年本省人工人每日工資〉台北市部分，1932年有統計的44種工人當中，日薪達到兩圓水平的只有3項，分別是花匠、鋪瓦匠、泥水匠，都是兩圓，其他多半不超過一圓伍角。

〔註31〕見赤子〈擦鞋匠（上）〉，《南音》第三期，頁36，1932年2月1日。

擦鞋匠花了約八分鐘，讓 M 組合長滿意，掏了三角買了一匣。擦鞋匠將目標轉向記者，希望也能為他服務，記者沒有拒絕，但就在完成服務後，記者卻故意殺價。

> 數著，結局銅幣八片和一角的銀子三片，他馬上將這三片之中拿一片擲入筐內，換了圓滑的口氣：「啊！對不住，缺少兩片銅幣！勉強吧！以後我可以替你向人家宣傳宣傳……」〔註32〕

這讓擦鞋匠很為難，但記者一副「我就是擺明付這麼多，你不爽不要賣！」的態度，把兩角八分前往桌上一丟。擦鞋匠若達不到十元的業績，很可能一毛錢都抽不到，加上旁邊還有其他潛在性的客人，怕跟他吵架，其他人的生意就不用做了，只得自己認賠的收下這兩角八分，放棄那兩角理論上屬於自己的利潤，心裡頭暗罵。

> 你們富人的眼裡看不上兩片銅幣，可是我們窮人的算盤上算是很大的損失，我為你費去許多心神，還吃了一大嘴塵埃，難道值不上兩片銅幣的報酬？還給你罵什麼討厭！不知面相的龜子！……你每天吃的膏粱，穿的衣服，和其他一切的活命品，而至於你們獨佔的享樂——哪一件不是你所說討厭的人做出來的？寄生蟲！我們恨不得馬上把你們推翻！把你們滅盡！〔註33〕

小販要得到自己的權利，唯有團結，但團結很難，分化卻很容易。資本家有的是執行分化的銀彈及為資本家執法的「巡查」。自滔刊在《南音》第一卷十二號的徵文得獎小說〈失敗〉中便詳述了這個不對等的事實。

> 「是，大家請進裡面坐。若無，伊就會就咱做『屋外集會』打散。」
>
> 「進來啦！免得在外面被報給人知，『抓鈀子』是很多！若被他覺察到，巡查是隨時來。」……「是，是。」眾小販真好像驚弓之鳥，落網之魚，小心翼翼地附和著。雖然，有著要活的一線曙光的希望，然而沒有前進的勇氣。〔註34〕

一個開會，討論如何和資方交涉，但唯恐消息走漏被資方知道，也怕被宣告是違法集會而被巡查逮捕，他們即使知道團結鬥爭是爭取勝利唯一的道路，但心中仍舊有所擔心，不敢果決地參加。

〔註32〕　見赤子〈擦鞋匠（下）〉，《南音》第四期，頁 29，1932 年 2 月 22 日。

〔註33〕　見赤子〈擦鞋匠（上）〉，《南音》第四期，頁 29，1932 年 2 月 22 日。

〔註34〕　見自滔〈失敗〉，原刊於《南音》第十二期，1932 年 11 月 8 日。此處轉引光復前臺灣文學全集 3《豚》，頁 88～89，遠景出版社，1981 年 9 月再版。

> 「咱們是同一階級，同樣是被壓迫者呵！但是我們決不可因為壓迫
> 者的威勢太大，就畏縮驚慌起來，要明白大家倘然永遠懷著一種畏
> 縮的心理，永遠屈服在強權之下，那麼，我們窮苦者，是準會被滅
> 亡的！窮苦者被滅亡，諸位能不被殲滅嗎！」……「要不斷地和他
> 抗爭！抗爭！但這非馬上有組織地集合起來不可，請瞧，支配者的
> 陣營，是多麼有組織而嚴密堅固喲，若大家有組織地用大眾的力，
> 要與現勢力抗爭，還不易為力，況散沙一般呢！過去的失敗，那是
> 前車可鑑，決不可再踏覆轍，像以前的錯誤了。」
>
> ……「目睭前覺要緊啦，大家現在無可食」的，一時又有些騷然了。
> 〔註35〕

抱平和合羣兩個人被小販們邀來商量並期盼糾合群眾力量，改變被壓迫的環
境，但兩人真的來了，發表了慷慨激昂的演說，卻也無法達成大家的共識，
仍舊有很多人抱持著疑慮，害怕一活動起來會招致官方的報復。最後，準備
召開最後的會議決定如何行動了，參加的人卻寥寥無幾。

> 真是卑怯極了！太可憐啊！最沒有革命性的一定是小市民，果然果
> 然。……他這樣想了一會，將臉再轉問那小販：「到底為什麼不肯
> 來？」
>
> 「呀！伊娘咧，大家講東講西，攏總都是驚死喔。」
>
> 「驚死！有說甚麼話嗎？」真有幾分失望的悲哀！
>
> 「唉！抱平哥你是知道的，大家都真驚，台灣人放尿攪沙未做堆，
> 在咱這地方，不知廉恥的狗，作『抓耙仔』不下數百，這些走狗，
> 是專門到處捕風捉影，你想，他們無事都要弄有事，沒說小販們是
> 全不懂事理，伊散會不去恫嚇嗎？一被他們探聽著，一下就抓去，
> 家裡的人無飯吃無要緊，又加煩惱。唉！實在想到無法度，誰還敢
> 出頭！」〔註36〕

最後抗爭的建議在沒人願意當烈士的情況下直接宣告失敗了，這篇小說是
自滔在《南音》的徵文比賽中得到第二獎的作品，在第一獎從缺的情況下，
這篇小說是實質上的第一獎，成稿時間是一九三二年二月三日，時值台灣

〔註35〕見自滔〈失敗〉，《豚》，頁89～90。
〔註36〕見自滔〈失敗〉，《豚》，頁94～95。

民眾黨解散一年，台灣共產黨被瓦解，重要的社會運動領導人非被捕即逃亡，據《警察沿革誌》內的紀錄〔註 37〕，一九三一年勞動爭議五十二件，被拒絕有十六件，要求撤回有三件，妥協有十六件，另有十三件是自然消滅，成功只有四件；而一九三〇年成功的有十七件，妥協有十九件，只有兩件是自然消滅。在缺乏領導人的情況下，勞工運動的成功率確實是大幅降低了，而勞工運動最後自然消滅的比率增加很多，也證明了在形勢比人強的情況下，勞工們為了生計也多半很務實的乖乖上班，若以官方立場的《台灣日日新報》來看，以「勞働爭議」搜尋到的新聞也不過僅僅二十一則，〔註 38〕扣除外電及日本當地的「勞働爭議調停法及勞働組合法」立法的新聞共十六則外，台灣本島的勞工運動新聞只有六則，可以得知在當時官方緊縮言論加大力掃盪的情況下，勞工運動被打壓的情況是很嚴重的，所以自滔在〈失敗〉中所描繪出來的景象，也相當的符合了當時的社會狀態。

　　《南音》最後在資金壓力下停刊於第十二期，而自滔的這篇〈失敗〉也成為了《南音》的告別作。

二、《臺灣新民報》中的勞動篇章

　　原先在《臺灣民報》體系裡，文藝欄的部份並不算多，十六個版面中大約只有半個版到兩個版，視時事與投書的稿量決定文藝作品的刊載量，一九二七年八月一日第一百六十八號起，《臺灣民報》以增加日文版面的條件獲得了當時台灣總督府的許可而遷回台灣發行，仍舊採取週刊的形式，調整為十二個版面，但是版面加大一倍，文藝作品的部份也開始固定出現在第八版和第九版。一九三〇年三月二十九日第三百〇六號起《臺灣民報》易名為《臺灣新民報》，仍為週刊形式，但已經開始向官方申請改為日刊。一九三二年四月十五日總督府通過《臺灣新民報》的日刊申請，《臺灣新民報》開始步入日刊時期。因應日刊後的增稿需求，《臺灣新民報》除了增加人力外，並且也大量徵稿，提供了許多文學青年發表的舞台。

〔註37〕　見《台灣社會運動史（五）勞動運動》表 43 勞動爭議結果別調查表，頁 50。
　　　　　海峽學術出版社，2006 年 6 月初版。
〔註38〕　據大鐸版《台灣日日新報》資料庫，搜尋關鍵字「勞働爭議」，搜尋時間為 1931
　　　　　年 1 月 1 日至 1931 年 12 月 31 日。

　　一九三二年一月二十日朱點人在《臺灣新民報》上發表了〈島都〉，小說〈島都〉一文，他關注的焦點，並不是多數左翼作家所關心的農民生活，而是以自己生活週遭的大都會艋舺作爲故事背景，說的就是城市角落的故事。

　　〈島都〉這篇小說全篇可分爲兩個部分，主角史明在上半部是一個旁觀者的角度，看著父親史蓁爲了生活努力，配合著建醮祭典出了不少力，卻被迫爲了「不樂之捐」而賣了小兒子史蹟。但有別於其他小說篇章的是，在小說中史蓁其實不一定需要賣掉史蓁，他賣掉史蹟的理由除了缺錢之外，有極大的原因是希望小兒子史蹟能過的更好。

> 你要用多少？我現在只有六十圓便，這是我粒積起來的，原想另抱
> 一個來養，打算你的蹟不甘給人了。
>
> 我不用許多，十五圓就足。
>
> 你和我說笑不是？
>
> 我向來曾說過謊？
>
> 若只十五圓，我可先借給你。
>
> 不，蹟你痛愛他，我打算自己是養他不起，使他跟你過活，也可免
> 常常受餓。〔註39〕

從文中來看，六十圓都算低於行情了，史蓁只向趙媽要求十五圓，趙媽原打算若史蓁手頭只需要十五圓，就直接借給他，但被史蓁拒絕了。史蓁的拒絕是因爲他希望小兒子史蹟到趙媽那裡會受到好的照顧，他是在找人領養孩子，而不願是找人「賣」孩子，他只需要十五圓，所以他不願意多拿一分一毫的金錢，即使他們家境著實清寒。

　　趙媽怕史蓁事後反悔，迅速的帶著孩子離開當地。而史蓁在忙著慶典，確實也無暇想到這件事，也不願去想這件事。所以在祭典期間，大兒子史明看到了豐盛的食物，卻一直沒看到小弟，問起父親小弟的下落，往往得到的只是「不必去找，他自己會回來。」這類的搪塞語。但史明確實感受到家裡少了一個人，也感受到爸爸變了。

〔註39〕見朱點人〈島都〉，原刊於《臺灣新民報》第 400～403 期，1932 年 1／30、2／6、2／13、2／20，此處轉引自光復前臺灣文學全集 4《薄命》，頁 44～45，遠景出版社，1997 年 7 月三版。

「蹟兒呀！你如何不……不回……來……」

「爹爹醒來！爹爹！快！」他把父親搖醒過來。

「啊！蹟兒！你回來了嗎？」他精神錯覺了，把史明當作二子。

「爹喲！我是明，不是蹟！」

「唉！我的蹟啊！」父親放聲痛哭起來，叫史明不知要怎樣纔好。

〔註40〕

史蓁向史明說：「不必去找，他自己會回來。」卻又在夢裡大哭，且精神不佳，無法工作，又常常發怒，史明當然察覺有異，但只有小學校五年級的他卻也無可奈何。只能被動的等待悲劇的發生──父親史蓁的投河自盡。

　　史蓁為了十五圓的捐獻，為了大人物們恣意的決定舉辦建醮活動，為了建醮，出了勞力的史蓁最後還是礙於傳統「仁情義理」下認了這不樂之捐，不得已而瞞著長子史明把次子史蹟賣掉，最後活動結束了，史蓁也隨之受不了內心的煎熬而自盡了。宗教本是與人為善，但對史明而言，他所得到的，只是家破人亡。

為什麼天公對一些人獨厚？對一些人又苛薄？他們醮壇上的看板不
是寫著「普天同慶」嗎？〔註41〕（史明）

天公？我們向來是受不到保庇的，就叫他不用保庇我……

這是正經事，誰有閒和你講笑，要出不？

就不出，要怎樣？

不出？好！看你這地方再住的下？

笑話，我不缺少人家厝稅，誰敢趕我好，試看咧！〔註42〕

（史蓁和頭兄的對話）

對照著「普天同慶」的看板，這個建醮對史蓁而言，著實百害而無一利。只是稍有言語抗拒的他，雖然是個安分守己的良民，仍被威脅著會被庄裡趕出去，最後而不得不屈從，而產生了小說上半段的的一個悲劇結果，也埋下了史明日後去從事不義抗爭的伏筆。

〔註40〕　見朱點人〈島都〉，《薄命》，頁41。
〔註41〕　見朱點人〈島都〉，《薄命》，頁41。
〔註42〕　見朱點人〈島都〉，《薄命》，頁42。

〈島都〉的後半段，被迷信害的家破人亡的史明進入工廠，成了一個完全的工人，家破人亡讓他早熟而獨立，接觸世界思潮讓他了解到資本家的壓迫是造成他們家悲劇下場的原因。

> 又洽值世界思潮波及到這海上孤島，社會運動正在抬頭，工人們也正當覺醒的時候，他受到世界思潮的洗禮，方始覺得工人們所以窮困的原因，也纔了解他父親所以愈勤苦愈貧窮，同時也認識一種寄生蟲的存在，以前他所瞑想不明的迷信獎勵，這時候也被他想出了原由。〔註43〕

史明親身投入了抗爭，堂堂正正的抗爭行為卻因為資本家結合了公權力而得到了完全的失敗。最後，史明不知所終，是投身地下運動了嗎？

> 他率先出來組織團體立在鬥爭的第一線，用正當平等做武器，正正之旗，堂堂之陣，工人們多相信他們會得到最後的勝利，豈料法律的權威、金錢的力量，竟超越在一切之上，只一接觸，史明便被捕虜。〔註44〕

如同〈島都〉這篇小說下半段的結語：「史明也由警署放了出來，後來就無有人再看到史明的蹤跡，有的說他是鑽到地下去運動，這是事實也不一定，因為到現在還是行蹤不明。」〔註45〕這次，朱點人並沒有在小說裡釋放出勝利的煙火，而是選擇了灑下希望的種子，沒有消息就是還有希望，未來一定還有希望！這篇〈島都〉是一九三二年初的作品，史明的境遇，恰如點人先生一般，家貧而獨立，相信抗爭，投身地下，點人先生也萬萬沒想到自己會在十多年後，就和他筆下的史明一樣，去投身地下運動了。

同一個時間楊守愚也發表了小說〈罰〉，記錄了一個交通意外事件，交通意外，本屬平常，但雙方地位若是不對等時，處理方式也就截然不同了。兩台相撞的台車，本來雙方確認沒事，各自處理，也就沒事了，但這次很不幸的，有兩位乘客是巡警和偵探，使得同樣也受了傷的車夫顧不得自己的傷就趕忙上前確認兩位貴客的狀況。

> 「大……大人……哈哈……可……可受傷……受傷了麼？」一面雖然陷於極度的恐怖的老車夫；但，一面卻不得不裝著笑容，必恭必

〔註43〕見朱點人〈島都〉，《薄命》，頁47～48。
〔註44〕見朱點人〈島都〉，《薄命》，頁48。
〔註45〕見朱點人〈島都〉，《薄命》，頁50。

敬的走過去替他拂去衣服上的塵土：「衣服不……不弄髒了吧？
大……大人……呀！小……小的實在……實在太……瞎了眼……眼
睛了……真……真該……該死……」〔註46〕

「哈哈！大人，饒了他吧！」主任先生看看這個樣子，心兒著實有
些為難，只得用那乞憐的口氣，代為轉彎轉彎。

「哼！饒了他？幹嗎，他曉得推車子掙錢，難道不曉得規矩嗎？為
什麼這麼暗夜也還不上燈呢？這是犯了官廳訂的規矩……」〔註47〕

此處楊守愚用了大量的刪節號來表示老車夫說話時的惶恐，以致於斷斷續續
的連話都說不完整，單位主管也連忙代為求情，但抓到了老車夫沒依法行事
的巡查似乎不太願意善罷甘休。他盛氣凌人的態度引起了旁觀學子的不滿，
也開口譏諷巡查。

「撞車，誰撞誰的車呢？如果沒上燈是犯了規矩，那麼，你所乘的
那一台，可上了燈嗎？……」〔註48〕

……為了保持其尊嚴，是不能在於小民面前認錯的。忽然拍的一聲，
連那舊檯子也嚇的顫動起來了：「可惡！罰不罰，同你有什麼相干
呢？渾蛋！」〔註49〕

吵起來的是學子跟巡查，周圍的人不敢介入，深怕惹惱巡查，反而小事變大
事，不好收拾，甚至開口責備起這位自認為是仗義直言的學子，巡查甚至威
脅要辦學子一條公務執行妨礙罪。夜色晚了，圍觀者各自帶著忐忑的心散去，
徒留肇事受傷的老車夫留在那裡，不知所措的摸著他那受傷的腿，對明天要
去接受所謂的神聖法律之裁決，感到無比的惶恐與無助。

　　繼〈罰〉之後，楊守愚又接著發表了描繪失業困窘的小說成名作〈瑞
生〉，在經濟大恐慌的浪潮之下，除了底層的農工失去頭路外，連白領階級
都不能倖免。深刻的描繪出了失業浪潮下，知識分子即使拋下了自我的矜
持，為了溫飽而勉力從事著不熟悉的勞力工作，卻依舊得向命運低頭的困
境。

〔註46〕 見楊守愚〈罰〉，原刊於《臺灣新民報》第402～403號，1932年2月13日、
　　　　20日出版，此處轉引自光復前臺灣文學全集2《一群失業的人》，頁186，遠
　　　　景出版社，1997年7月三版。
〔註47〕 見楊守愚〈罰〉，《一群失業的人》，頁189。
〔註48〕 見楊守愚〈罰〉，《一群失業的人》，頁191。
〔註49〕 見楊守愚〈罰〉，《一群失業的人》，頁191。

　　跟著祝生會的解散，當了外務員的瑞生也失業了，一個月十八元的薪水，要維持一家人的生活，雖說很是困難，但，在物價日趨低廉的這年頭，倒還聊可度日。……不景氣是日見深刻，失業軍更是洪水般地愈見膨脹，嗷嗷於飢寒線下的人，全台灣至少該有三五十萬吧，一時，又哪裡找來飯碗呢？莫説斯文一點的職業沒有空缺，就是一圓四天工的粗笨的勞動，也不是容易可以找到。〔註50〕

小説中的瑞生，在失業前一個月的月給是十八元，收入尚稱不錯，失業後輾轉投入修路的工作，薪水驟降至一天三角半，他雖勉力爲之，卻仍舊無法勝任這份工作。做了一天半就身體不支，回家休養了一個禮拜，藥費的支出遠遠大過了工資。隨後有幸又找到了一份在糕餅店外務跑堂的工作，一個月薪水八元，但隨即因爲老闆私人的原因而被藉故開除。領悟到寄人籬下看人臉色痛苦的他決心自己創業做生意。即使這根本也不是他的專長，但爲了養家活口而離鄉背井的他似乎也沒別的選擇了。

　　「硼砂……」眞的，挑起擔子，剛開了口，一陣燒紅，臉紅了。

　　爲了窮忙，一向就不曾想起的家庭，現在也想到了……這一晚他做了一個歸鄉之夢，醒來時，眼眶有些淚水……〔註51〕

瑞生的無照糕餅小生意最後又遇到了警察，照例幾天下來的收入連同自己的老本又倒貼了出去，人不亡，而財已散矣！瑞生在萬分無奈下回想起了當初在祝生會的生活，迷失在過去與現實之中的他恍然間看到了戲院，他強烈地想要回味之前的生活因而鋌而走險的翻牆看戲，故事就在他失風被逮中落幕，留下了旁觀者不勝唏噓的結語。

　　掙錢過日，這樣年歲，談何容易，有職業的人，總一味説失業的人是懶漢，其實，誰願意捱餓受苦呢？〔註52〕

〔註50〕見楊守愚〈瑞生〉，原載於《臺灣新民報》404～406，1932 年 2 月 27 日、3月 5 日、3 月 12 日出版，轉引自《楊守愚集》，頁 260，前衛出版社，2004年 8 月初版 5 刷。

〔註51〕見楊守愚〈瑞生〉，原載於《臺灣新民報》404～406，1932 年 2 月 27 日、3月 5 日出版，轉引自《楊守愚集》，頁 269～270，前衛出版社，2004 年 8 月初版 5 刷、3 月 12 日。

〔註52〕見楊守愚〈瑞生〉，原載於《臺灣新民報》404～406，1932 年 2 月 27 日、3月 5 日、3 月 12 日出版，轉引自《楊守愚集》，頁 276，前衛出版社，2004年 8 月初版 5 刷。

從〈瑞生〉一文中所看見的物價中，他的薪水從一個月十八元，到修路工的一天三角半，到跑堂的一個月八元，到賣糕餅的一天三角。瑞生的薪水愈來愈少，而文初他吃的燒麵羹一碗只要一錢，到文末的看戲是五個銅板。物價不高，但瑞生找不到工作，沒有收入，低物價的好處他依然沒有享受到，他只能承受著別人對他及所有失業者等同的懶惰的指責，而他也沒有辯駁的能力了。

陳賜文發表了另一篇和失業有關的小說〈其山哥〉，主人翁其山哥原先在會社裡做工，因為生病，只得在家，此時景氣不好，會社要裁員，也打算減薪，引起了大家的不滿，工會醞釀罷工，但會社也開始有了反制動作，工人們來其山哥家探望，順便商討著對策。

> 講到罷工，因有以前的經驗，社會的人對這種鬥爭，多不甚同情，
> 工人大家也無積蓄，會是纏組織的，也無基金，各人又有一陣妻子
> 要吃，這是每次罷工失敗的原因。〔註53〕

在小說裡，會社先縮短大家的工時，僅存一半，再強制減去四成的工資，算一算一人一天薪資所得僅剩三角，〔註54〕若以一九三二年台北市零售物價來看，麵條一公斤要兩角，換言之，他的一天所得僅能購買一公斤半的麵條，〔註55〕個人尚且無法溫飽，更不可能養家。而其山哥做了二十七年的工，準備退休，但因為景氣的關係，會計願意核准給其山哥拿回的退職金，不到兩百，甚至比其山哥二十七年工齡間被預扣的退職基金總和還少，這讓其山哥非常的生氣。帶頭的工會員工被認做是「不良職工」被開除，會社也擺明了拒絕交涉的態度，加上社會對罷工的不諒解，繼續做下去，無法養家，罷工，會給會社裁員的藉口，失去工作。大家在其山哥家裡一邊聊一邊感慨，但最後仍舊是一愁莫展。陳賜文並沒有在小說裡交代工人們最後的結局，以大家對其山哥告別的問候作結。看到了工人們深厚的情誼，但也道出了工會在資本家面的脆弱。在缺乏指導的情況下，工會的成員仍舊是工人，對於做工的熟練度自然比抗爭熟練，能指導他們的人物都已被官方窮滅，抗爭的成功率自然大幅降低，這也是勞工的悲哀。

〔註53〕見陳賜文〈其山哥〉，原刊於《臺灣新民報》第408～410號，1932年3月26日、4月2日、9日出版，此處轉引自光復前臺灣文學全集3《豚》，頁64，遠景出版社，1981年9月再版。

〔註54〕見陳賜文〈其山哥〉，《豚》，頁64。

〔註55〕見《台灣省五十一年來統計提要》表318〈歷年台北市零售物價表〉，頁908。

第二節 《臺灣文藝》中的勞工小說

一、從《福爾摩沙》到「臺灣文藝聯盟」前的勞動篇章

　　一九三二年三月二十日一群留日的台灣學生以蘇維熊、張文環、巫永福、王白淵等人爲首，在東京成立了「台灣藝術研究會」，成立宗旨爲「以圖臺灣文學及藝術的向上爲目的」。並於隔年七月在東京創刊了機關誌《福爾摩沙》。

　　《福爾摩沙》這本刊物先天上就因爲成員都是留學生，資金不多，雖然成員的素質高，刊物內容品質不錯，但最後仍然因爲資金不足，一九三四年六月出刊了第三期，便宣告停刊了，但仍維持著「台灣藝術研究會」的運作。直到「臺灣文藝聯盟成立」後，「台灣藝術研究會」就改組成爲了「臺灣文藝聯盟」的東京支部，而會裡的成員大多都加入了「臺灣文藝聯盟」繼續創作。

　　《福爾摩沙》這本雜誌中關於勞工文學的部分不多，吳希聖在《福爾摩沙》第三期裡發表了小說〈豚〉，這是吳希聖一鳴驚人的成名作，將貧農家的生活與女性的悲哀寫實的呈現。

　　〈豚〉的主人翁阿秀生長在貧困的農家中，家中的生活條件很差，大家長阿三努力工作，家裡爲了要增加額外收入，想要養豬，就跟「養豚組合」借了母豬。

> 他們整年不洗臉，不漱口。他們的阿爸如此，他們當然也如此。只須上床前把雙腳泡泡水就行了，他們的臉比礦工還髒，牙齒其黃無比，呵口氣，其臭與毒瓦斯無異。〔註56〕

村裡的保正進財伯覦覬阿秀的美貌，開出了每個月二十元的價格給阿三，希望能取阿秀當小老婆。爲了錢，阿三甘願說服自己的女兒阿秀給保正進財伯當小老婆。自然，老實的阿三是沒有想到保正進財伯的承諾只是空話。

> 這不會被人恥笑的。我說，阿秀啊，聽父母的話，不是最孝順嗎？爲了父母，即使做賊仔，哪有人恥笑！查某人最重要的就是孝順。這樣，別人一定會稱讚說，看，阿秀多孝順，竟然靠一雙小手養起了一家大小，眞了不起！還有，你爸年紀也一大把了。〔註57〕

〔註56〕見吳希聖〈豚〉，原刊於福爾摩沙第3期，1934年6月15日出版，原文爲日文，中文譯文轉引自光復前臺灣文學全集《豚》，頁 16，遠景出版社，1981年9月再版。
〔註57〕見吳希聖〈豚〉，《豚》，頁 10。

不到半年，阿秀的肉體對進財伯而言不再新鮮，阿秀只得回家。爲了能在爲家裡「生錢」幫助家計，阿秀只得下海賣春，孰料竟得了性病，阿秀去看醫生，但爲了家裡，他沒辦法聽從醫生不要再接客的建議，他只能自我麻醉。

> 不接客，身體就會好起來，這是可以預知的。可是，不做這種買賣，
> 哪來注射費？家裏的生活怎麼辦？爸、媽、德仔、明仔等木訥的表
> 情又浮現眼前，恁娘的，管它的！那天晚上，她又喝酒了，雖然醫
> 生極力告誡她：「可不能喝酒囉，行嗎？不能喝酒呀！」但她還是喝
> 了，接著買賣也開始了。〔註58〕

爲了鬆散神經的疼痛，阿秀試圖回憶過往快樂的事。可是，阿秀想了半天卻想不出什麼快樂的回憶。症狀一發作，阿秀就就淚水直流，只能高喊「路傍屍」、「夭壽短命」，把進財伯胡罵一通。只有這時候，阿秀的眼睛才閃閃發光，彷彿望見了昔日的景象。突然間，他想到了報復的方式，他要送給進財伯一份禮物。

> 那晚，喝了一點酒，進財伯也不在乎濕濡漆黑的房間散放出來的惡
> 臭，住了下來，對他來說，阿秀的態度是積極的，跟以前羞答答的
> 模樣兒已經完全不一樣，著實別有一番風味。第二天晚上，他又來
> 了，但，阿秀已經不願再理他，因爲她的目的已經達成，細菌已經
> 從她的身體傳染給他，不久將會再傳染給他妻子。〔註59〕

達成最後願望的阿秀，上吊了。而家裡的母豬也死了，小豬又因爲景氣不好，賣不掉。這讓阿三非常的苦惱。他沒有能力償還昂貴的代價給「養豚組合」，搖錢樹阿秀也死了。阿三宰了母豬，對著太太吼叫：「都是你不好，要生就生查某，再生查甫，就宰了你。〔註60〕」

男人是主要的勞動力，阿三竟然認爲「生女比生男好」，這是很特殊的狀況，吳希聖特別解釋了阿三的想法。

> 農人的財產已經不是田園和山地，這些都是毫無益處的「裝飾」，只
> 會白白吃掉肥料。重要的只有女兒和豚。女兒會「生」錢，豚會變
> 成錢。〔註61〕

〔註58〕見吳希聖〈豚〉，《豚》，頁8～9。
〔註59〕見吳希聖〈豚〉，《豚》，頁14。
〔註60〕見吳希聖〈豚〉，《豚》，頁23。
〔註61〕見吳希聖〈豚〉，《豚》，頁23。

阿三重要的兩個生財工具都死了，他只能喝悶酒，更慘的是隔天巡查竟然彷彿知道他家母豬死了，立刻就來查驗，阿三就被巡查帶到派出所去，自然，這是進財伯所指使的。阿秀的價值，竟然等同於豚，這是吳希聖對當時農家的苦難，以及遭到權勢者欺壓的慘狀，和社會上弱肉強食的困境，所做的最大的投訴。

立志推動中國白話文作為新文學推廣利器的廖漢臣，也在一九三三年十月夥同郭秋生、黃得時、陳君玉、林克夫等人組成「臺灣文藝協會」，並推郭秋生為幹事長，自任總編輯，於一九三四年七月創刊了《先發部隊》，這是一本純白話文的文學刊物。但僅出了一期，便因故改組，且礙於官方施壓，被迫改為中日文合刊，並將雜誌更名為《第一線》，於一九三五年一月出刊，隨後，該協會成員便加入了於稍早在一九三四年五月成立的「臺灣文藝聯盟」，並將發表舞台移轉至「臺灣文藝聯盟」的機關誌《臺灣文藝》，「臺灣文藝協會」雖沒宣告解散，但已經沒有任何活動了。

「臺灣文藝協會」時期比較重要的勞工小說，便是王詩琅發表在《第一線》的小說〈夜雨〉，所描寫的便是印刷廠工人有德因為參與抗爭而被會社解職的故事。

印刷廠工人有德十五歲就進入了印刷工場工作，三十九歲因參與了工會抗議資方取消星期日工資的活動而被藉故解職。對此，有德的妻子很不能諒解有德的行為。

> 好好的工作，罷了甚麼工，休息的禮拜日，就是沒有工資，不過稍
> 苦一點，有甚麼相干？別的都不要緊，像我們罷的連米連水都沒有。
> 〔註62〕

有德很認真地找工作，但是各處都不缺工，家中可典當的幾乎已經典當完，即將山窮水盡，而唯一能挽救家中經濟的，是從事有德最鄙視的「不正經行業」仲介阿柳嫂，而阿柳嫂所想的，正是有德最不願意的一件事：「將女兒秀蘭送去做女招待。」曾經，有德曾大聲地對著太太阿換大吼：

> 「任是窮得沒有飯炊，我也不叫女兒，幹那種勾當，我沒有能力，
> 使她進高女已罷，至少也需教她嫁一個適當的好丈夫。」他拒絕那
> 個提議了〔註63〕。

〔註62〕見王詩琅〈夜雨〉，原載於《第一線》，1935 年 1 月 6 日出版，轉引自《王詩琅、朱點人合集》，頁 18，前衛出版社，2004 年 8 月初版 7 刷。

〔註63〕見王詩琅〈夜雨〉，轉引自《王詩琅、朱點人合集》，頁 24。

而今，有德已是山窮水盡，阿柳嫂舊事重提，太太阿換很難啓口的又問了有德一次，而這次，失去經濟力量的有德已無力堅持立場，但決定性的話語他仍舊說不出口。

> 我雖然不願意，也是沒有法子，你打算就好了，祇要問問秀蘭，答應不答應。〔註64〕

孝順的秀蘭在外頭也找不到工作，她自知在父親的事沒解決前，自己是家中經濟唯一的希望，也是最後的機會。在母親婉轉的詢問意願下，她最後決定把自己的命運交給父母親來安排。

> 我也不曉得，祇憑爹媽主意，就可以了。」淌下淚的秀蘭，欷歔地說。〔註65〕

日給一塊半的有德因抗爭而失去了收入，阿柳嫂訓練出來的藝旦，一天光賞金卻已達兩至三元之譜。而今，女兒秀蘭爲了家中生計，必須要去爭取這份有德所不屑的收入，這種迫於生活而必須出賣自己理念的無奈，不只是王詩琅筆下的有德，也是社會底層所有勞工最深層的悲哀。

値得注意的是，不同於以往左翼思想濃厚的新文學勞工小說裡，女性的下場大多是被賣給人充作下女或是媳婦仔，或是淪落煙花淪爲賣春女。王詩琅的活動地是台灣首善之區的台北，小說裡的秀蘭並非是「被賣掉」，而僅是要暫時去咖啡廳當「女招待」，而收入已經比累積多年工作經驗的熟練工人有德還多，這可以說是都市規模達到一定程度才會出現的服務業薪資打敗製造業景象，在王詩琅的年代已然粗具雛形，而農業時代裡男性因爲具有勞動力，較能幫助家中經濟的景象，似乎也隱約被打翻，在吳希聖的〈豚〉及王詩琅的〈夜雨〉裡，不論家中對這種「女性運用生理優勢」賺錢的認同與否，都隱含著這種意味。

除了台灣人自己創辦雜誌外，一些台灣人也試著投稿到日本的雜誌，其中獲得好評的是楊逵投稿到東京《文學評論》的小說〈送報伕〉。〈送報伕〉原先曾於一九三二年五月十九日在《臺灣新民報》上發表，但是五月二十七日即被官方禁止續刊，兩年後楊逵將稿子轉投到日本，獲選爲第二獎，而當時第一獎其實從缺，本篇小說其實是事實上的首獎，中國作家胡風曾將這篇小說翻譯成中文在《山靈——朝鮮台灣小說集》出版。〔註66〕

〔註64〕見王詩琅〈夜雨〉，轉引自《王詩琅、朱點人合集》，頁25。
〔註65〕見王詩琅〈夜雨〉，轉引自《王詩琅、朱點人合集》，頁25～26。
〔註66〕據《楊逵全集》第四卷小說卷I，頁102所言，胡風譯文共發表了三次，第一

　　小說主角楊君從台灣到日本，時間正值經濟大恐慌時期，楊君在東京四處找不到工作，偶然間看見派報所徵募送報伕，很高興的認爲這是一個機會，便前往應徵。爲了在這個非常時期能獲得一份工作，即使派報所老闆所提的條件很嚴苛，甚至要收取工作的保證金十元以保證能工作四個月以上。楊君認爲除了保證金不足外其他的一定可以用努力來克服。所以楊君連規定都沒讀完，見老闆願意少收保證金，就很高興的同意老闆的條件了。楊君在派報所工作，起初負責送報，老闆請一位同事田中負責照料他，而派報所提供住宿，雖然條件很糟，但爲了省錢的楊君決定忍耐。

> 而這個 XX 派報所底樓上，比那還要壞十倍。席子裡面皮都脫光了，只有草。要睡在草上面，而且是髒得漆黑的。也有兩三個人擠在一堆講著話，但大半都鑽在被頭裡面睡著了。看一看，是三個人蓋一床被，從那邊牆根起，一順地擠著。〔註67〕

在田中的幫助下，楊君很努力的將送報路線記熟，正當他滿意於自己的工作順利之餘，老闆開始要求他從事著推銷訂戶的工作。

> 「送報的地方完全記好了麼？」
>
> 第三天的早報送來了的時候，老闆這樣地問我。
>
> 「呃，完全記好了。」
>
> 這樣地回答的我，心裡非常爽快，起了一種似乎有點自傲的飄飄然心情。
>
> 「那麼，從今天起，你去推銷訂戶罷。報可以暫時由田中送，但有什麼事故的時候，你還得去送的，不要忘記了！」老闆這樣地發了命令。〔註68〕

楊君開始了專門推銷訂戶的工作，但在經濟不景氣的時代，這份差事無疑是困難的，楊君屢屢達不到老闆一天十五份的業績要求而被責罵，最後老闆直接將楊君辭退，楊君才曉得老闆的用意原是騙取無業者最後僅存的保證金罷了。

　　　次發表於 1935 年 6 月 1 日在《世界知識》二卷六號，第二次發表於 1936 年在《弱小民族小說選》，第三次發表於 1936 年在《山靈》，三版大同小異，差別僅在於更正別字。

〔註67〕見楊逵〈送報伕〉，原文刊載在《文學評論》一卷八號，1934 年 10 月出版，此處中文譯本採胡風於 1936 年《世界知識》的版本，轉引自《楊逵全集》第四卷小說 I，頁 68，國立文化資產保存研究中心籌備處，1998 年 6 月初版。

〔註68〕見楊逵〈送報伕〉，《楊逵全集》第四卷小說 I，頁 75～76。

因爲同情你，把你底工錢算好了，馬上拿著到別的地方去罷。……
是第二十天。老闆把我叫到他面前去，這樣教訓了以後，就把下面
算好了的賬和四圓二十五錢推給我，馬上和像忘記了我底存在一
樣，對著桌子做起事來了。我失神地看了一看賬：

> 每推銷報紙一份　五錢
> 推銷報紙總數　八十五份
> 合計　四圓二十五錢

……「沒有法子！請把保證金還給我。」我這樣一說，老闆好像把
我看成了一個大糊塗蛋，嘲笑地說：「保證金？記不記得，你讀了規
定以後，說一切都同意，只是保證金不夠？忘記了麼？還是把規定
忘記了？如果忘記了，再把規定讀一遍看！」

我又吃驚了：那時候只是耽心保證金不夠，後面沒有讀下去，不曉
得到底是怎樣寫的……我胸口「束！束！」地跳著，讀起規定來。
跳過前面三條，把第四條讀了：那裡明明白白地寫著：

第四條，只有繼續服務四個月以上者才交還保證金。

我覺得心臟破裂了，血液和怒濤一樣地漲滿了全身。

睨視著我的老闆的臉依然帶著滑稽的微笑。

「怎麼樣？還想取回保證金麼？乖乖地走，還在這裡纏，一錢都不
給！剛才看過了大概曉得，第七條還寫著服務未滿一月者不給工錢
呢！」〔註69〕

楊君滿腔怒火，卻對老闆無可奈何，他深切的體會的一個弱勢勞動者的悲哀。
只得拿著手邊虧本的四圓二十五錢離開了派報所。遇到了田中，才想得他應
徵當日所遇到哭泣的男孩也是和他同樣落得錢被老闆騙光而趕出門的下場。
楊君回想起他爲何來到東京的緣由，家中土地被會社勾結官方用極低的價錢
強購，父親不願順從就被打死，家鄉裡的村民失去土地後只得到社會裡出賣
勞力，無法營生而自殺者比比皆是，楊君離開家鄉，試圖到日本來尋求一個
翻身的機會，怎知資本家的嘴臉並不因爲日本或台灣而有所不同，吸取弱勢
勞動者的養分以肥壯自己的本性都是一樣的。

〔註69〕 見楊逵〈送報伕〉，《楊逵全集》第四卷小說Ⅰ，頁78～80。

我唯一的願望是希望你成功，能夠替像我們一樣苦的村子的人們出
力。

村子裡的人們底悲慘，説不盡。你去東京以後，跳到村子旁邊的池
子裡淹死的有八個，像阿添叔，是帶了阿添嬸和三個小兄子一道跳
下去淹死的。

所以，覺得能夠拯救村子的人們的時候才回來罷。沒有自信以前，
絶不要回來！要做什麼才好我不知道，努力做到能夠替村子的人們
出力罷。

我怕你因爲我底死馬上回來，用掉冤枉錢，所以寫信給叔父，叫他
暫時不要告訴你……諸事保重。

媽媽〔註70〕

正當楊君準備離開東京返鄉時，收到了母親的遺書，母親的大義讓楊君燃起
了鬥志，而田中也告知了派報所的大家準備團結起來對抗老闆的消息，這讓
一向逆來順受的楊君有了新奇的感受。

「爲了對抗那樣惡的老闆，我們最好的法子是團結。大家成爲一個
同盟罷 X……（忘記了是怎樣講的）」同盟罷 X……說是總有辦法
呢。「勞動者一個一個散開，就要受人蹧蹋，如果結成一氣，大家成
爲一條心來對付老闆，不答應的時候就採取一致行動……這樣幹，
無論是怎樣壞的傢伙，也要被弄得不敢説一個不字……」〔註71〕

楊君在田中的介紹下和抗爭的策劃者伊藤見了面，也對這件事有了想法。而
這次的行動如果可以成功，向來被人蹧蹋的送報伕失業者們成功的對抗那個
惡鬼一樣的老闆，楊君認爲這個法子應該也可以給家鄉裡因爲製糖公司、兇
惡的警部補、村長等陷進了悲慘境遇的故鄉村民們，能提供一些抗爭的經驗。

不錯，日本底勞動者大都是和田中君一樣的好人呢。日本底勞動者
反對壓迫臺灣人，蹧蹋臺灣人。使臺灣人吃苦的是那些像把你的保
證金搶去了以後再把你趕出來的那個老闆一樣的畜生。到臺灣去的
大多是這種根性的人和這種畜生們底走狗！但是，這種畜生們，不
僅是對於臺灣人，對於我們本國底窮人也是一樣的，日本底勞動者

〔註70〕 見楊逵〈送報伕〉，《楊逵全集》第四卷小説I，頁93。
〔註71〕 見楊逵〈送報伕〉，《楊逵全集》第四卷小説I，頁98。

　　們也一樣地吃他們底苦頭呢。……總之，在現在的世界上，有錢的
　　人要掠奪窮人們底勞力，爲了要掠奪得順手，所以壓住他們……。」
　　〔註 72〕

原先生活在台灣，對日本人沒有太多好感的楊君，在日本認識了田中和伊藤
等人，深刻的體認到了壓迫者與被壓迫者，其實不是民族的分別，而是資本
家與勞動者的差異，被壓迫者唯一能爭取權利的方式，唯有團結鬥爭，楊君
在伊藤的介紹下到了另一間工廠上班，並等待著伊藤他們的好消息。

　　幾個月以後，把我趕出來的那個派報所裡勃發了罷工。看到面孔紅
　　潤的擺架子的 XX 派報所老闆在送報伕團結前面低下了蒼白的
　　臉……

　　想一想看！勾引失業者的「募集送報伕」的紙條子拉掉了！

　　寢室每個人要占兩張蓆子，決定了每個人一床被頭，租下了隔壁的
　　房子做大家底宿舍，蓆子的表皮也換了！任意制定的規則取消了！

　　消除跳蝨的方法實行了！推銷報紙一份工錢加到十錢了！〔註 73〕

聽到這個消息的楊君，帶著希望從日本回到台灣，楊君滿懷著確信，從巨
船蓬萊丸底甲板上凝視著臺灣底春天，那兒表面上雖然美麗肥滿，但只要
插進一針，就會看見惡臭逼人的血膿底迸出。〔註 74〕血膿不除，表面一切
正常，但症狀無法根治，唯有一針刺入擠出血膿，才有重生的可能。楊逵
赴日念書，促使他返國的，也正是爲了參與農民組合的抗爭，開啓了他對
抗強權的一生，而〈送報伕〉這篇小說，也正是清楚表現出了他文學態度
的一篇代表作。

　　除了楊逵的〈送報伕〉外，在《文學評論》上另一篇重要的臺灣文學作
品是呂赫若於一九三五年在《文學評論》一月號所發表的〈牛車〉。呂赫若藉
著台灣的現代化，動力汽車引進台灣，打擊了許多傳統產業的從業人員，沒
有與時俱進的，注定的就是悲慘的命運。

　　小說的主人翁楊添丁，經歷了生活富足的年代，而今因爲汽車卡車相繼
引進而導致生意一落千丈，連老婆都得外出工作，即使楊添丁比過往努力百
倍，仍免不了被老婆奚落，兩人常爲了錢而引發衝突。

〔註 72〕　見楊逵〈送報伕〉，《楊逵全集》第四卷小說 I，頁 99～100。
〔註 73〕　見楊逵〈送報伕〉，《楊逵全集》第四卷小說 I，頁 100～101。
〔註 74〕　見楊逵〈送報伕〉，《楊逵全集》第四卷小說 I，頁 101。

「從早跑到晚，三十錢都賺不到的男人，不是沒有用是什麼？啊呀，！米桶空了。明天的米從天上掉下來麼——」

阿梅故意把米桶底咚咚的敲著響。

「那麼，你以為我偷了懶嗎？」楊添丁一看到蠻橫地頂上來的女人，馬上氣得按捺不住了。

「就是這樣，我也是在拚命呀。連一閃眼功夫的懶都沒有偷過。夜裡也沒有好好地睡，一絕早就爬起來出去，你不是也看到的麼！」

「啊啊！不要聽——出去了以後，我曉得麼？想一想誰都懂的。從前米那樣貴，過得很好，現在米便宜了，倒著要急米，沒有這樣的怪事。」

「正，正是這樣。從前，隨隨便便地一天賺得到一圓。現在是，各處跑到了也弄不到三十錢。那道理你懂麼？」〔註75〕

楊添丁的收入遽減，妻子無法諒解，而昔日素行不良的他沒有辦法跟妻子辯解，只得忍耐妻子的嘲諷，而妻子也因為家計不如以往，開始外出工作。時代的不同，他的感受最深。

雖然是那樣無知的楊添丁，但也感到近年來自己一天一天地被推到貧窮底坑裏。慢吞吞地拍打著黃牛底屁股，拖著由父親留下來的牛車在危險的狹小的保甲道上走著的時代，那時候口袋裏總是不斷錢的。就是悠悠地坐在家裏，四五天以前都爭著來預訂他去運米運山芋。當保甲道變成了六間寬的道路，交通便利了的時候，就弄成這樣子，自己出去找都找不著，完全不行了。後來弄到了連老婆都不能不把小孩子丟在家裏，到甘蔗園或是波蘿罐頭工廠去，否則明天的飯就沒有著落。自己不夠認真嗎？——楊添丁自己問自己。不！比以前要認真一百倍，一天都沒有偷懶過。老婆每天罵自己是懶人，沒有用，性子燥的他越想越氣，甚至想把老婆打死。但過後靜靜地想到那也是因為擔心生活，憎惡的心境就常常消失了。在生活上面，不得不頑強地和某種同自己們離開了的眼睛看不見的壓迫搏戰下去，這使他們心焦。〔註76〕

〔註75〕 見呂赫若〈牛車〉，《文學評論》2 卷 1 號，引自胡風譯本，發表在 1936 年《山靈》，此處引自《呂赫若集》，頁 16～17，前衛出版社，2004 年 8 月初版 5 刷。

〔註76〕 見呂赫若〈牛車〉，《呂赫若集》，頁 17～18。

小說中，牛車沒落了，量大地請了運貨汽車，量少的店家也都準備了腳踏貨車，楊添丁走投無路，到處低聲下氣，依然沒有辦法找到生意可做，店家說的白：天時不對了。

> 在現在，牛車是，誰都不做這行生意了。就是山裡的人，也都有腳踏貨車，因為那比遲緩的牛車要上算呢。我小的時候牛車很多，現在不是不大看的到麼？那到底趕不上走的快的運貨汽車和腳踏貨車呀。〔註77〕

都市裡的人已經不再理會牛車，楊添丁只得轉往鄉下找生意，楊添丁動了念想改行種田，但是付不起押金，為了存錢，楊添丁放棄了自己作為一個丈夫的尊嚴，暗示並且默許了妻子阿梅的賣淫。

> 楊添丁無力地站起來走到牀邊去，膽怯怯地對老婆說：「暫時的，是的，暫時的就行了。那……也可以。只要能賺錢，我是不要緊的。」……
>
> 被不認識的男人野蠻地用力把身子抱住，那時候真想哭了。但抓住錢的時候又有一種得救了的輕快。到給了一些錢把在門口的主人老婆子走上回家的路，就又被後悔的念頭所襲擊了，覺得做了很壞的事情，她憤憤地起了想即刻謾罵丈夫的慾望。〔註78〕

楊添丁遠赴外地工作，但十天僅收入八十五錢，楊添丁累極而在牛車上打盹，卻不幸被巡查開了張兩元的罰單，只得回家求助於妻子，兩人再次鬧翻，憤怒的楊添丁走向了當扒手的不歸路。

　　呂赫若這篇小說的目的是要凸顯時代變遷下小老百姓的生活困苦，但當時真的已經進步到將牛車完全淘汰？事實上，在一九三五年時，牛車夫的平均日薪達到約一元之多，〔註79〕牛車和改良式牛（馬）車共有七萬一千餘輛，而卡車全台卻只有兩千輛〔註80〕。牛車夫收入頗高，而卡車也明顯不可能取代牛車，呂赫若很明顯的是藉由較極端的狀況來凸顯他的訴求，就文學的立場而言，呂赫若無疑是成功的吸引了人們的關注，但是，我們也不能忽視當時的現實社會狀況。

〔註77〕見呂赫若〈牛車〉，《呂赫若集》，頁21。
〔註78〕見呂赫若〈牛車〉，《呂赫若集》，頁17～18。
〔註79〕據《台灣省五十一年來統計提要》表 301〈歷年本省人工人每日工資〉1935年，頁851。呂赫若係台中人，故以台中地區統計薪資來看，若以首善之區台北來看，日薪可達 2 元之譜。
〔註80〕據《台灣省五十一年來統計提要》表455〈歷年卡車輛數〉1935年，頁1188；表457〈歷年機械腳踏車、腳踏車、人力車、貨車輛數〉，頁1189。

二、《臺灣文藝》的勞工小說

　　一九三四年五月，張深切、賴明弘在台中發起「全島文藝大會」，並廣邀台灣各地新文學作家參與，包括了賴和、賴慶、黃純青、黃得時、林克夫、廖漢臣、吳希聖、郭水潭、蔡秋桐等人，包含了台灣北中南各地及東京的作家都加入了，聚集了台灣話文派、中國白話文派、日文派的作家們，可以說是臺灣新文學界的一次大集結。一九三四年十一月發行了機關誌《臺灣文藝》，這是日治時期發行最久、參與新文學作家人數最多的新文學雜誌，共發行了十五期，採月刊形式。作品發表不拘漢文、日文、或台灣話文皆可投稿；內容分爲評論、小說、戲曲、詩、隨筆、學術研究六個部分。該聯盟的文學理念，實際參與的作家張深切曾經說過「臺灣文學不該建築在既成的中國、日本、歐美路線，而應建築在台灣的「眞」、「實」之上」〔註81〕。

　　黃武忠曾如此評論過《臺灣文藝》的價值與歷史地位：

　　（1）臺灣文藝聯盟各支部成立之後，聲勢浩大，不僅代表台灣文壇，而且也是台灣知識份子的精神堡壘。

　　（2）文藝聯盟成立後，台灣知識分子有了精神支柱，有了發表的舞台，更以「文聯」爲中心，文學同路者也更緊密的結合起來。

　　（3）臺灣文學運動，其具有意識性、形象性、具備性，實即由於臺灣文藝聯盟的成立而發軔發展。

　　（4）其機關刊物：臺灣文藝雜誌，爲台灣人創辦的文藝雜誌中壽命最長、作家最多、對於文化影響最大的雜誌。

　　（5）《臺灣文藝》以台中爲中心，網羅了全島作家，並且與東京支部保持密切聯絡，爲台灣的新文學運動，留下了光輝的一頁。

　　（6）至這一階段，臺灣新文學運動，已漸漸脫離政治的聯繫，走向純文學的境界。〔註82〕

標榜《臺灣文藝》文學性的張深切，曾因雜誌的走向而和楊逵發生爭論，最後堅持走左翼路線的楊逵與標榜純文學路線的張深切等人決裂，決定出走並

〔註81〕 見台灣大百科網站「臺灣文藝聯盟」詞條，吳明倫撰述。http://taiwanpedia.culture
.tw/web/content?ID=15385&Keyword=%E5%8F%B0%E7%81%A3%E6%96%8
7%E8%97%9D%E8%81%AF%E7%9B%9F。（最後瀏覽：2013 年 4 月 20 日）
〔註82〕 見黃武忠《親近臺灣文學》，頁 98～99，九歌出版社，1995 年初版。

另創雜誌《臺灣新文學》。雖說兩本雜誌並未鬧到「勢不兩立」的地步，但《臺灣新文學》的出現確實造成了《臺灣文藝》的逐漸沒落，一九三五年十二月二十八日《臺灣新文學》創刊，而一九三六年八月二十五日《臺灣文藝》發行了七、八月合刊號就停刊了。

　　一九三五年台灣的都市化已經相當完整，許多人選擇了到都市去「打拚」，林越峰的《臺灣文藝》創刊號中發表了小說〈到城市去〉，主人翁忘八，就是很典型「到都市打拚」的例子，而林越峰在小說的開頭，便直捷了當的點出了忘八想去都市的原因。

> 到城市去吧！城市有高偉的洋樓，有燦爛的水銀燈，有滑油油的大馬路，這是多麼的美麗啊！
>
> 到城市去吧！住在城市的人，有汽車坐，有大菜吃，還有跳舞廳跑！
> 這是多麼幸福啊！〔註83〕

小農夫忘八因為農稼收入太低，放棄了農事，選擇了做工，但擦鞋的工作因為客源不多而宣告失敗，只得跑去當長工，領一個月八元的薪水，最後和雇主吵架，賭氣之下辭了工作，帶著太太就到了城市裡。初到城市，城市裡的繁華讓他欣羨，但事實卻是他找不到工作。

　　在他沒有方向的時候遇到了同鄉阿四，在阿四的慫恿下頂下了他的黃包車，但黃包車的生意並不如阿四說的那麼好賺。即便如此，將所有積蓄投入的忘八，也只能走一步算一步，直到他倒下了。

> 別說一天想要三塊錢，就是三個小洋銀，都還是很為難掙扎的。雖然拉車的日子，是這樣的糟糕，總是忘八倒也捱過好幾個月，看看已經是到了嚴寒的冬天了。……受了一夜的寒風冷雨以後，在其次日，忘八就害起一場很重的病症來了。而且又是一連三十多天不能起床，所以直到好來的時候，家裡就弄得山窮水盡了……就是連那輛最要緊的黃包車，也都賣給人家去了。〔註84〕

賣了黃包車的忘八又重操舊業的開始了擦鞋的營生，卻又遇到了昔日的雇主王老爺，兩人為了擦鞋價而吵了起來，忘八體認到了輝煌城市下的黑暗。

〔註83〕見林越峰〈到城市去〉，原載於臺灣文藝創刊號，1934年11月5日出版，轉引自《陳虛谷、張慶堂、林越峰合集》，頁207，前衛出版社，2004年8月初版7刷。
〔註84〕見林越峰〈到城市去〉引自《陳虛谷、張慶堂、林越峰合集》，頁213。

> 多麼神秘的大城啊！雖然洋樓是高大，水銀燈是明亮，坐著汽車，
> 吃著大菜的人們，也是很不少。但是在其陰影下，餓著肚皮，受著
> 風霜的人們，卻也多著呢。〔註85〕

忘八最後決定下海當「棍子。〔註86〕」不料他一出手就被發現，在慌亂之中
他跌入了溪流裡下落不明，最終，忘八在城市致富的美夢沒有達成。

林越峰是台中人，曾當過辯士，也是臺灣文藝聯盟台中地區的重要人物，
文中的主角忘八在王老爺那裏的薪水一個月八元，對照《台灣省五十一年來
統計提要》表三〇一〈歷年本省人工人每日工資〉中一九三二年前後的台中
市男僕薪水相當，小說中的台中生活場景，可以略見。

城市的繁華，讓許多人都心嚮往之，但到了城市，往往在沒有資本跟沒
有專長的情況下，難以謀生，即使有了專長，也要能媒合到適當的機會，不
然一樣賺不到錢。楊逵以自身的經驗，寫下了小說〈難產〉，意味著生活上的
資金難產，也意味著在生活的壓抑下讓他的文學難產。

> 於是乎獲得的結論是，像我這樣的人，簡直不備在社代社會中生存。
> 單憑工作，無論多麼不顧死活的工作，是不行的。如果要在現代社
> 會中求生存，不是靠祖先留下的產業，就必須和蛇一樣老奸巨猾，
> 以極端的利己主義武裝自己。必須厚顏無恥；連自己的夥伴都得吞
> 掉，否則是行不通的。我曾看過，也經驗過勞動者不顧死活的工作，
> 還有農民艱苦的生活。我親眼看見，也深刻體會到其中險惡越來越
> 猖獗。這些如今都成爲我要表達的全部藝術的素材。在生活戰線如
> 此無力的我，連自己的生活都維持不了，如果還想爲將來留下甚麼，
> 這種想法本身，簡直是形同瘋人，我是格外感同身受的。幾年前要
> 生孩子時，手頭只有七錢，由於醫生和助產士都請不了，妻子難產
> 了。而今我身無分文，爲藝術的難產而疲憊不堪。〔註87〕

楊逵的朋友們常用「葉陶兄、楊貴嫂」來形容楊逵夫婦的分工情形，在這篇
小說裡也很清楚的看到這個情形，葉陶外出賣衣服，楊逵在家車縫衣服兼照

〔註85〕見林越峰〈到城市去〉引自《陳虛谷、張慶堂、林越峰合集》，頁217。

〔註86〕指小偷。

〔註87〕見楊逵〈難產〉，原刊於《臺灣文藝》二卷一號～二卷四號，1934年12月～
1935年4月，譯文引自《楊逵全集》第四卷小說I，葉笛、清水賢一郎譯本，
頁232～233。國立文化資產保存中心籌備處出版，1998年6月初版。

顧孩子，奈何手工總比不過機器大廠，即使是葉陶也沒辦法在先天條件不好的情況下創造出好的業績數字。

> 在 XX 加工廠裁布全都用機器，不用說不會浪費布頭。他們有電動縫紉機兩百台，兩班人員輪流，共雇用了五百名左右的員工，一切都是分工，談到效率是不能比的，材料也向織布工廠直接購買，所以價格就有很大的差距……我們的布料是從零售店買的，從工廠到我們手中至少經過三次手，所以材料費貴上兩三成，……聽著妻的話，我體會到一個真理，那就是在高度發展的資本主義社會裡，手工業者的慘狀。讀馬克思時，每句話都覺得很有道理，但那時的理解是沒有根據的，並沒有切膚之感，可是自己一嚐到苦頭，就感到這個真理有可怕的吸引力。〔註88〕

楊逵最後決定把滯銷的衣服全部典當，換回現金以解燃眉之急，而這段期間所寫的小說也寄出給有提供稿酬的報刊雜誌，但一篇偏左翼基調的小說是不討喜的，報社的朋友直接了當的說了業界的現實：「這樣的文稿是不受新聞界歡迎的。如要投稿，一言以蔽之：要寫甜一點的東西。〔註89〕」其他的雜誌也退了稿「與本雜誌的性質不合，不能刊載。」小說只能在勞動者間口傳，迴響雖令楊逵欣慰，但對於生活的解危是毫無幫助的，楊逵最後只得繼續尋找下一個工作，而在生活困頓之餘，楊逵不改對文學的立場繼續寫作，是令人尊敬的。

同樣困於生計的苦命詩人楊華，在一九二四年撰寫了〈一個勞働者的死〉，但沒有機會發表，遲至一九三五年，才在《臺灣文藝》二卷二號上刊載，這篇小說字數不多，但字字帶著血淚地控述著資本家。在描寫手法上，這篇是屬於早期的作品，主要是著重在被壓迫的事實描繪，小說〈一個勞働者的死〉中楊華寫實地描繪了主人翁施君的工作情形：

> 每天要在那骯髒不潔，塵埃充滿著的空氣中，和工頭怒喊的狂喊，使他兢兢業業地工作，工作……每天都是做到雙頭烏的他，一個腦袋，受著乒乒乓乓轆轆琅琅地機器轉動的聲音，震動的他昏昏迷迷，

〔註88〕 見楊逵〈難產〉，引自《楊逵全集》第四卷小說 I，葉笛、清水賢一郎譯本，頁 246。

〔註89〕 見楊逵〈難產〉，引自《楊逵全集》第四卷小說 I，葉笛、清水賢一郎譯本，頁 259。

　　像是一個沒頭沒腦地機器一般地工作，他的臭汗，如汽機上的蒸氣
　　水般流著，時時用他黑漆的布袖拭著，可憐的他，真是疲倦的很，
　　更加沒有休息地又趕做夜工，像這幾個月來，天天就是不斷地做著
　　夜工……〔註90〕

資本家希望工人工時越久越好，工資越少越好。年紀大了就趕出去換一批年
輕力壯者，病痛或職災都與資本家無關。形成了杜甫「朱門酒肉臭，路有凍
死骨」一般的慘狀，或許，有人看不慣而挺身而出對抗資方，但其結果往往
是走向末路，徒留一抹抗爭精神。

　　可惡的老天，你只會和貧人作難，那養尊處優的富人們，你不但不
　　與他作難，反給了他們許多及時行樂的期會。而貧窮無抵抗的勞働
　　者，你偏偏有意酷待他、作難他，你也承受資產階級的顏色嗎？不
　　平！不平而勢利的天！〔註91〕

　　唉！可惡的資本家啊！你們對於勞工的心思，最好一天二十四點鐘
　　都給你作工，拼命的作工，勞工們的工錢，你們最好想減低到小而
　　又小的限度！你們把勞工的勞力結晶通通攘奪了，把他們的心血通
　　通吸乾了，你們卻作南面王，住著洋房，坐著汽車，花天酒地，左
　　擁右抱……兒子出洋留學，得著什麼學士、博士、碩士，女兒嫁著
　　偉人……一般勞工挑著極重的擔子，家中有父、有母、有妻、有子，
　　住著豬圈似的屋子吃著粗糠，鶉衣百結，面有菜色，天天看見的只
　　有一塊灰色的天，和他們悽慘的生活，聽見的只是機器轉動的聲音，
　　汽笛鳴鳴的鳴想……和你們是不關痛癢，你們高壓手段越發利害，
　　勾結一般 XX 的 XX，做你們的鷹犬。防備勞工的反抗，他們是草
　　芥，你們可任意的踐踏著！唉！你們的幸福哪裡來的？勞工們是你
　　們的幸福給與者呀！〔註92〕

一九三五年，台灣的農業人口約兩百七十九萬人，其中佃農占百分之三十七，
約一百〇三萬人，勞動人口是逐年增加的，但耕地的成長卻已經逐漸停滯，〔註

〔註90〕　見楊華〈一個勞働者的死〉，原刊於《臺灣文藝》二卷二號，轉引自光復前臺
　　　　　灣文學全集卷 4《薄命》，頁 7。遠景出版社，1997 年 7 月 3 版。
〔註91〕　見楊華〈一個勞働者的死〉，《薄命》，頁 6。
〔註92〕　見楊華〈一個勞働者的死〉，《薄命》，頁 13～14。
〔註93〕　據《台灣省五十一年來統計提要》，表 194〈歷年農業人口〉，頁 513，與表 196
　　　　　〈歷年耕地面積〉，頁 516。

93〕耕地成長的速度無法趕上人口增加的速度，多出來的勞動力，如果不是傻傻的「拼租」搶耕地，就是必須另尋生途。張慶堂的小說〈鮮血〉，描繪的就是這個社會狀況。

小說裡的佃農九七用高於常理的兩車租，租下了朋友連一車半且不敢耕租的一塊地，樂天的九七相信老天爺一定會給他一個好年冬。他有自信自己能夠種出豐富的收成，不但足以付租，還可以「膡下一百元，甚至兩百」。只是，事實總是殘忍的，這塊地即使正常收成，也頂多只有一車半，他的理想破滅，只得把整年的勞動成果都給了地主五老爺，並且賣了耕牛來補差額，他知道他不能再重蹈覆轍。

> 有人耕作著的田，除起比現在耕作者，多給田租外，是絕對不會有
> 招他人奪去的事。但是寧肯不為作田人，而斷乎不能夠多給田租，
> 而奪取他人耕作著的田，來歸自己耕作的。因為耕作者的田，被自
> 己用手段奪來，他閒也用和自己同樣的手段，去奪他人的田；如此
> 一鬧了起來，簡直是送肉於地主，而無益於許多的耕作者的。〔註94〕

若以一九二五年來看，佃農在全體農戶中所佔的比例大約是百分之三十九上下，迄一九三五年，佃農在全體農戶中所佔的比例大約是百分之三十七左右，〔註95〕事實上，佃農的人數雖從一九二五年的九十三萬酌增到一九三五年的一百〇三萬左右〔註96〕，但整體比例是有所下降的，而農夫的平均所得也從一九二五年的九角提升至一九三五年超過一元四角的水平，〔註97〕顯示出其實這十年間農人的生活應是有改善的，但若只從小說中來看，農夫的悲情在這十年間可以說是一直在持續著。

九七離開了鄉村，到了新興的 B 市，但是景氣不好，九七找不到工作，

〔註94〕 見張慶堂〈鮮血〉，原載於《臺灣文藝》2 卷 9 號，1935 年 9 月 24 日出版，此處轉引自光復前臺灣文學全集 4《薄命》，頁 330。遠景出版社，1997 年 7 月 3 版。

〔註95〕 據《台灣省五十一年來統計提要》網路版，表 194－2〈歷年農業戶口百分比〉，見 http://twstudy.iis.sinica.edu.tw/twstatistic50/AGRI/Mt194-2.xls。（最後瀏覽 2013／05／12）

〔註96〕 據《台灣省五十一年來統計提要》網路版，表 194－1〈歷年農業戶口戶口數〉，見 http://twstudy.iis.sinica.edu.tw/twstatistic50/AGRI/Mt194-1.xls。（最後瀏覽 2013／05／12）。

〔註97〕 據《台灣省五十一年來統計提要》網路版，表 301〈歷年本省人工人每日工資〉，見 http://twstudy.iis.sinica.edu.tw/twstatistic50/LABOR/Mt301.xls。（最後瀏覽 2013／05／12）

只得從事「自負盈虧」的人力車夫，用一天四吊錢的租金租了一台人力車，開始了奔波的的車伕生涯，經過一番生活學習，九七已經漸漸學會如何爭客人與搶好地點。但是爭得客人，卻不一定是筆好生意，若是遇到難走的路，客人已坐上來，也不好推辭，對九七而言，不好做的生意依舊比沒生意來的好。

> 九七悽慘地把車子拖到這駱駝背也似的崎腳，……可憐的他，只是
> 如馬被主人喝般鼓集起微弱的氣力，把插在地上的兩隻戰慄著的
> 腳，拔上來，彎起背，低下頭，用足指尖，一步一步釘著硬而滑的
> 斜地面，拖著沉重的車子，慢慢地向上移著。……把所有力氣概然
> 磨盡了去的九七，還是悽慘的拖著沉重的車子，向崎頂進發著。……
> 他整個意識，完全模糊起來了。把汗流盡了去的軀體，再也不會有
> 汗流出來了。他的頭殼好像風雨中悽雷般響著。耳邊也嗡嗡的叫個
> 不休。他遍體的筋肉，都被不要命的跳動的心，和猛烈沸騰的血，
> 震動了起來，他覺得車子，漸漸輕捷起來。這時應該是下崎的時候
> 了。猛速的車子，把他壓向崎下去。疲困了的他，再也沒有力氣去
> 過住由上猛速的押下來的車子，……他覺得這裡照例，是要把車子
> 擋住的地方了。可是，他現在卻已經失去了擋住車子的力氣。〔註98〕

景氣不好，空車比客人多，九七為了不要賠本，超出了自己體能的負荷，在一段下坡路上，他用盡了氣力，導致車子失速滑下，小說的最後以九七的滿面鮮血收場，他原是個農夫，但環境促使他必須改行，也導致了這樣的下場。

一九三五年官方登記有案的人力車大約有三千七百餘輛，〔註99〕而平均收入一日約有一元五角左右，這個薪資水平在當時一些純出賣勞力的工作而言是屬於較高所得的一群，而人力車數量也不見有暴起暴落的情況，顯示出這個行業其實算是相對穩定的行業，我們並不清楚小說中的九七是否是屬於「登記有案」的人力車夫，或是無照執業，但小說中人力車夫辛苦和酬勞不成比例的情況，在相關統計資料中似乎並沒有呈現出如此悲情的狀況。

一九三五年底《臺灣文藝》爆發了楊逵與張星建等人的路線之爭，楊逵出走「臺灣文藝聯盟」，並於十二月另行創刊了《臺灣新文學》，而《臺灣文

〔註98〕 見張慶堂〈鮮血〉，《薄命》，頁 342～343。
〔註99〕 見《台灣省五十一年來統計提要》表 457〈歷年機器腳踏車・腳踏車・人力車・貨車輛數〉，http://twstudy.iis.sinica.edu.tw/twstatistic50/ROAD/Mt457.xls。

藝》受到了一定的影響而逐漸的衰微，從楊逵出走後的《臺灣文藝》，風格走向比較溫和，抗爭性的小說少了很多，一九三六年八月出刊了七八月合刊本後就鮮少有活動，雜誌也停刊了，但《臺灣文藝》仍舊在臺灣新文學史上留下了重要的一頁。

第三節　《臺灣新文學》〔註100〕中的勞工小說

一、堅持左翼文學立場的《臺灣新文學》中勞工關懷書寫

　　一九三六年十二月楊逵正式創刊了《臺灣新文學》雜誌，楊逵雖未點名是要和張星建等人分庭抗禮，但楊逵始終堅持著左翼寫實的社會關懷書寫路線，為了能貫徹自己的文學路線，決定自己辦刊物，這也說明了這本刊物的文學路線走向就是一本左翼寫實的文學雜誌。

> 我經過了千思萬慮，所獲的結論是：為了台灣的作家，也為了讀書
> 人，迫切需要適應台灣現實的文學機關。但看不出有誰願意給他們。
> 如此一來，作家與讀者有必要以「積塵成山」的精神，湊集自己的
> 零錢，來建設一個園地，自勉自勵，造成風氣。這就是「臺灣新文
> 學社」的創設起緣。〔註101〕

對多數作家而言，《臺灣新文學》雖是因為楊逵出走臺灣文藝聯盟的產物，但能多一個發表空間，未嘗不是好事，除了導火線的臺灣文藝聯盟中央級幹部如張星建幾人外，多數作家也都懷有「多一個舞台是好事」的想法，臺灣文藝聯盟嘉義支部的徐玉書就認為《臺灣文藝》背離了大眾化的初衷，而支持《臺灣新文學》的成立。

> 一班痛感以「文聯」──臺灣文藝聯盟，不能夠大眾化的文聯員，
> 看到了「文聯」越來越離開了大眾的立場，于是不得不再另建一種
> 雜誌，與我島內文藝同好者群握手不可，故他們在一九三六年頭，
> 共同起來創設了「臺灣新文學社」，而由此社發刊的一種雜誌，名曰

〔註100〕《臺灣新文學》一作《台灣新文學》，出刊的用法並無固定，多數時候用「臺」字，但有時亦用「台」字，如 1936 年新年創刊號便是用《台灣新文學》。

〔註101〕見《臺灣新文學》創刊號，〈創刊詞〉，1935 年 12 月 28 日，原文係日文，譯文引自莊永明《台灣紀事（下）》12 月 28 日，頁 1076。

> 「臺灣新文學」，以給島內諸同好者群自由登台吶喊，以重振旗鼓以
> 振興非常時代的台灣新興文學。〔註102〕

徐玉書身爲臺灣文藝聯盟的成員，都認爲臺灣文藝聯盟脫離了大眾，可見臺灣文藝聯盟的沒落是有其原因的。

　　楊守愚在創刊號上發表了〈赤土與鮮血〉，描述的是一個羅漢腳阿昆，被阿科嬸家招爲女婿，阿昆本來孑然一身，幸運的撿到個老婆，成了家，從只求溫飽，到有了養家作爲奮鬥的目標。

> 生下來，就是一身子惡運命纏絆著。爸媽是死了，做戲子，又老是
> 當個不重要腳色！做了一輩子旗軍，也莫想積下一點錢討老婆。不
> 是嗎？一天只不過分到一角半小洋！沒戲做，還得束緊褲帶子吞涎
> 沫。作工、掘土、撿石子，一天又賺得幾個錢？唉！二十八歲啦。
> 這樣鬼混下去，就混到死，也弄不到一個老婆……然而，現在，阿
> 科嬸的女兒，雖然是二婚，雖然是白痴的女人！但，自己呢？窮。
> 唉！有勝于無。幸而能夠生下一男半女來，禋祀也就有了承繼！也
> 不枉爸媽生育我一身，我呢，老，是，老來無力掙錢！那時候也纔
> 有了依靠……〔註103〕

從成家的一刻起，有了目標的阿昆開始努力工作，什麼工作都接，他有著明確的努力目標，卻在一次的意外中發現了他在家中的身分不對，他不是阿科嬸的女婿，而是養子，這意味著阿科嬸隨時可以把他趕出去，也意味著他的孩子是沒有辦法入籍的。阿昆找阿科嬸理論，卻老是換來阿科嬸「女兒都跟你睡了，你還怕我不認帳？何必計較名分？」的言詞來搪塞，而阿科嬸的遲遲不辦手續的態度更是讓阿昆感到不安。

> 有了妻，而沒有做丈夫的名義！將來生下子女來，還得入爲私生子。
> 這是恥辱，是不利於己的一回事。……這非要請她給我變更不行。
> 不然，往我當了一輩子牛馬，勞勞苦苦地掙錢養活她們。嘿！要是
> 她們心裡一橫，我不又被撵出來做羅漢腳？〔註104〕

〔註102〕見徐玉書〈臺灣新文學社創社及「新文學」第一、二、三期作品的批評〉，《臺灣新文學》1卷4期，頁97，1936年5月4日。

〔註103〕見楊守愚〈赤土與鮮血〉，原刊於《臺灣新文學》創刊號，1935年12月28日，此處引文轉引自光復前臺灣文學全集2《一群失業的人》，頁235～236。遠景出版社，1997年7月3版。

〔註104〕見楊守愚〈赤土與鮮血〉，《一群失業的人》，頁239。

兩年過去了，阿昆所盼望的香火終於出現了，看著妻子一天天大起來的肚子，讓他更著急於改身分，無奈阿科嬸更重視的是阿昆所賺回來的錢，而不願意幫阿昆進行身份的更正。

> 變更？還是掙錢來交給我要緊。說不定什麼日子要生產喀！我哪來的錢給他做月？
>
> 你把戶籍更過來，做月的費用，我自會設法的。
>
> 你把賺的前一僅交給我，等孩子出世了打算。
>
> 交錢？要是交了錢，你再不把她變更做我的妻，那不是——
>
> 把她變更做你的妻，哼！要是你再不賺錢養活我……
>
> 我沒你那樣沒天良！
>
> 沒那樣沒天良。你自入我家，可有多少錢交給我？哼！一天至多也不過五六角小洋，有時竟連一錢五厘都沒有，啐啐啐！〔註105〕

缺乏互信的兩人鬧翻了，阿昆賭氣離開了這個名義上的家，再次回來，已經是個滿身病痛的肺癆病者，因為出了意外，沒錢醫治，拖著病工作，讓他的身體狀況每況愈下，最後只得回到阿科嬸這裡，雖然得面對阿科嬸的冷嘲熱諷，好歹還是個有人可以照料的家。對阿昆而言，他最難忍受的，不是病痛，而是阿科嬸的嘲罵，為了不被嘲諷，他只要身子好一點就寧願外出掘土賺錢，一車土雖只值二錢五厘，但這是出勞力的無本生意，他還是去了，但最後阿昆也就因為土崩而被壓倒在下，鮮血腦漿並流，正如小說之名「赤土與鮮血」。

　　阿昆如此拚命的原因，要的就是一個名分，成家的夢想，養子的名分可能隨時被阿科嬸註銷，但若是女婿，至少它是有一個法定的妻子，不再是一個無依的羅漢腳，對照呂赫若小說〈牛車〉裡的添丁也是一個贅婿，和阿梅吵架時也曾被阿梅威脅著要把他趕出去，戶長的身分都不是男主人，所以都有「逐出家門」的可能性，這也成為了阿昆悲情的根源。

　　張慶堂的〈年關〉則又再一次的以人力車夫為主角，敘述著人力車夫阿成在年關將近時，苦於連著幾天天氣惡劣而收入銳減，家中幾乎無法維生，但孩子對過年的渴望——「新衣」，讓他難以向殷殷期盼的七歲孩子述

〔註105〕見楊守愚〈赤土與鮮血〉，《一群失業的人》，頁240～241。

說家中的狀況，只得板著臉讓孩子能知難而退，並趕緊趁著天氣尚可時外出拉車。

> 「富人要欺辱窮人，就是天老爺似乎也故意與窮人為難！連下了幾
> 天雪，迄今，都還沒表示要停止，假若今天再沒有生意，莫說新衣，
> 就是幾碗粥也吃不成了。」他心裡恁樣念著，把掛在壁上的單薄的
> 襤褸的短一穿上去，張開兩隻粗大的手掌，使勁的往臉上擦幾下，
> 早飯也不吃，臉也不洗，憂鬱的打開那破朽的板門，拉起車子，望
> C 站進發了。〔註106〕

阿成好不容易盼到了一個肥漢子願意搭他的車，他滿心以為會有一筆好收入，孰料最後他滿頭大汗的所得僅有十二個銅元，他向客人拜託「多賞幾個」，但得到的是讓他暈眩的一耳光，而行情價照理說是四角銀，他幾乎等於是做了白工。阿成和同行的老福討論起生意的慘澹，相對無言，面對著生命的威脅，他們有了鋌而走險的覺悟。

> 現在還顧得甚麼他娘的過年嗎？被迫到這地步來，便不能怪我們
> 了，現在所留給我們的路，只有兩條了。一條是靜靜地讓他餓殺，
> 另一條就是橫了心，碰碰我們的運氣啦，甚麼他娘的道德哪，XX
> 哪，XX 哪……我們現在可不管了，我們想要活著。……我們並不
> 是不愛勞働，才挨餓的，我們想要勞働，可是，沒有要我們的地方
> 啦。因此我們不得不幹拖車的職業，……車子便如貓毛多！而且，
> 還有自動車、電車……來競兜生意，因此，我們便難以尋找客人，
> 就是偶爾找到客人，但，價錢是那麼少，甚至一不小心，便遭撻
> 打！……俗話說「橫心作，戴王帽，不敢作，倒置餓」這句話，真
> 是不錯哩。牛不吃險草，是不會肥，人不走險路，是不會富的。
>
> 〔註107〕

阿成聽了老福一段話，滿腦子都想像著得手之後的事，他告訴自己「弱蟲！幹罷，不幹，照這地步下去，不是也要餓死嗎？好！就看看這最後的命運呀！幹下去罷。〔註108〕」便把車子拉了回家，到街上尋找下手的目標，但對這種

〔註106〕見張慶堂〈年關〉，原刊於《臺灣新文學》1 卷 4 期，1936 年 5 月 4 日出版，
　　　　此處轉引自光復前臺灣文學全集 4《薄命》，頁 347。遠景出版社，1997 年 7
　　　　月 3 版。
〔註107〕見張慶堂〈年關〉，《薄命》，頁 352～353。
〔註108〕見張慶堂〈年關〉，《薄命》，頁 356。

事一無經驗的他，行動後的結果，只是徒然留下了望眼欲穿的妻兒罷了。對照著滿村的歡樂，更顯出了阿成一家的悲情。

> 阿母，我的肚子餓呀，我不要新衣了，只要些飯來食……
>
> 阿囝，乖乖吧，你爸爸出去買，不久就回來了。〔註109〕

吳濁流的處女作〈水月〉，也是在《臺灣新文學》上發表，一個胸懷大志的青年仁吉成了家，成家之際，告訴自己，也告訴妻子，忍耐一時，將來一定會成功。但是十五年過了，夫妻的忙碌與努力，除了維持基本生活外，對未來沒有任何的可能性。仁吉望著因為操勞過度而有著比現實年歲老上十多歲的太太蘭英，心中有著無限的虧欠。

> 瘦削的臉孔，顴骨高聳，臉色青黃，眼珠塌入很深，眼角的皺紋重
> 重，仁吉愈看愈怕，未經打扮的臉孔，全無血色。衰老的臉孔就像
> 鍍鋅的白鋅皮一樣，鋅已剝落，露出了生鐵，滿面像是生鏽一樣地，
> 愈看愈覺其老。可是她才三十歲呢！但看臉容卻像四十歲以上。
>
> 〔註110〕

仁吉的妻子蘭英，四點起床燒飯，照顧五個孩子，接著餵牲畜，然後下田做工，中午的短暫休息要忙著給嬰兒餵奶，傍晚下工後要回家整理家裡，做飯，用完餐後要繼續做編織大甲帽的手工貼補家用，直到近十二點才能休息。十幾年來天天要工作近二十小時，造成了蘭英外表上加劇的老化；而仁吉在農場工作，原先想著這是一份權宜的工作，他有偉大的夢想，但孩子次第出生，他存不了錢，只得一直做著這份工作，看著同期的日本同事都高升了，他十五年來還是一個小雇員，收入有增加有限，這讓他怨恨起一切，他想著身分血統的阻礙、想著早婚和孩子的阻礙，他沒有機會伸展他的大志。

> 他自信蛟龍不是池中之物。他中學畢業時，也曾是個高材生，雖無
> 深博的學問，執起筆來也可以一揮而就，說起話來亦口若懸河滔滔
> 雄辯，在鄉下總算是可以令人矚目的。他自己也不甘在鄉下埋沒，
> 有機會也想去日本東京再深造，……可是現在看到太太那瘦弱不堪
> 的面孔，不得不自我反省，終於又歸咎於其早婚阻其壯志。……他

〔註109〕見張慶堂〈年關〉，《薄命》，頁357。

〔註110〕見吳濁流〈水月〉，原刊於《臺灣新文學》1卷2號，1936年3月6日出版。
此處譯文轉引自光復前臺灣文學全集8《閹雞》，頁201～202，譯者不詳。遠
景出版社，1997年7月3版。

　　　　已是五個小孩的爸爸，現在僅依靠農場的薪水和太太的工資來餬

　　　　口，除此之外，並無其他收入。事實上他又不能離開這份差事，所

　　　　以不知不覺他已幹了十五年。〔註111〕

他的薪水一直維持穩定，加的不多，看著日本同事升官加薪，又多領著六成
的津貼，還配有宿舍，當上課長或主任，生活安定，有餘錢可供儲蓄；只有
他年愈不惑之年，還是一個萬年雇員，他愈想愈氣，氣的大叫：「我要去東京」。
蘭英被驚醒了，但她聽了仁吉所喊的話，卻也沒有太大的反應。

　　　　我的先生，你結婚以來抱著的美夢還沒有醒嗎？你想，堅兒今年念

　　　　六年級，不久就要上中學，你還在夢想去東京留學。你想，你的孩

　　　　子你自己的學費……〔註112〕

仁吉的夢想，如同小說之名「水月」，有如鏡花水月般，美麗但不可及，只能
隨著月亮圓缺，讓夢一次次浮現，又一次次幻滅。

二、禁刊的《臺灣新文學》創作高峰——一卷十號的「漢文創作特輯」

　　《臺灣新文學》編輯部原預計要在一九三六年十二月發行的第一卷十號
「漢文創作特輯」，該期《臺灣新文學》總共一百二十四頁，其中包含了近百
頁的「漢文創作特輯」。這期共計有八篇漢文小說（見表3-3-1），並有黃有
才以日文書寫的小說〈悽慘譜〉。這些小說的共通點在於都致力於描繪殖民地
社會現況並進行批判，若以原本在第一卷九號的預告中，還曾提到預計邀稿
的作家群，包括有賴和、黃病夫、林越峰、蔡秋桐、李泰國、林克夫等人，〔註
113〕可以說是幾乎網羅了三〇年代新文學的主要漢文小說家，這在一九三六年
台灣文壇「處於禁止漢文這一個大統治方針之下」〔註114〕，臺灣新文學社明
知官方態度卻仍然知其不可爲而爲之，試著爲保存漢文而做的努力。孰料在
印刷中即遭禁止發行處分。當局禁止發行的理由乃是「內容不妥當，整體空
氣不好。」這也看到了官方對於漢文禁止的態度了。這裡筆者就十篇小說中
四篇勞工文學小說進行討論（如表3-1-1）。

〔註111〕見吳濁流〈水月〉，《閹雞》，頁205。
〔註112〕見吳濁流〈水月〉，《閹雞》，頁206。
〔註113〕見〈次號豫告〉，《臺灣新文學》1卷9號，卷首廣告頁，1936年11月5日。
〔註114〕楊守愚曾在日記中說明當時的編輯氣氛提到，見許俊雅‧楊洽人編《楊守愚
　　　　日記》1936年6月9日的記載，彰化縣立文化中心出版，1998年12月初版。

表3-3-1：《臺灣新文學》一卷十號小說列表

篇　名	作　者	語　文	主　題	勞工議題
稻熱病	賴賢穎	中文	農人、農藥	
老雞母	尚未生 （莊松林）	中文	寡婦	
西北雨	馬木歷 （趙啓明）	中文	農人搶灌溉水	
脫穎	朱點人	中文	銀行職員、 皇民化	V
鴛鴦	洋（楊守愚）	中文	女工	V
三更半暝	廢人（鄭明）	中文	運轉手	V
十字路	王錦江 （王詩琅）	中文	銀行職員	V
旋風	一吼 （周定山）	中文	農人、土地侵佔	
出奔	佐賀久男 （日人）	日文	師範生	
悽慘譜	黃有才	日文	礦工	V

　　筆名廢人的鄭明發表了小說〈三更半暝〉，鄭明曾參加「臺南市藝術俱樂部」，這篇小說寫的是一個運轉手的故事，運用了大量的台語，寫作時間是一九二六年，和楊華的〈一個勞働者的死〉一樣，也是遲了十年才發表。

　　運轉手枝才從早開始工作，跑了四十趟車，回來宿舍已經是近凌晨兩點鐘，又餓又累但身無分文，只得跟同事借錢，而同事的狀況也一樣，枝才只得到炊事間去找一些剩下的食物充飢，而在他好不容易找到幾近發餿的食物，準備將就的熬一碗粥果腹，緊急出勤的電話響了，負責值夜的枝才只得勉強出勤。

　　　　「應接叮嚀！出車迅速！……」這是經理的規訓，並且是在這競爭
　　　　激烈時代的目標，這時，無論如何不能再遷延的了，怎能再顧及那
　　　　碗清粥？他馬上跳上車臺，握著擺手，「吵！」車後噴出一股灰白色
　　　　的車屁向大路走出去……車駛到聚仙樓前時，他聽見遠近的時鐘不

約而同地敲了兩下，……於是枝才連把喇叭捏幾下，「呼！呼！」做著車到的信號，然而內面仍是靜悄悄沒有回答。

「嗳！——紳士車！人客等得會勿等得，沿路幹鄙噪返去啦！」

「人客回去啦！」這給枝才一個大打擊！他以爲這次出來，可以得到點現錢，至少，市內一回五角，那麼，就可以暫借一角銀來做「點心」錢啦！想不到事出意外。〔註115〕

正當垂頭喪氣的枝才要回去，臨時 S 庄的地主匏仔舍帶著藝姐要去三十里外的關仔嶺，枝才就順勢接下這筆生意，結果路上因爲路況不佳，匏仔舍要求支才開快車，藝姐喝了酒身體不適，便在車上嘔吐起來，匏仔舍這時又怪起枝才開太快導致藝姐嘔吐，要求枝才揹著藝姐到關仔嶺。枝才早已渾身無力，但又無法拒絕。

其實他這時已經餓到腳酸手軟，沒有力氣行走了，哪揹得起一個人呢？無奈匏仔舍那樣橫逆，兼之保領二字責任太重，終於不得不勉強答應了。……傾斜崎嶇的嶺路，空手的閒身人登上去已很費力，何況還揹著一個人！又是酸醉得全身軟弱的人，這是越使枝才艱於前進啦。他僂著背，給她扶著，雙手轉向後面去，捧著她的屁股，顛來顛去的向嶺頂行著，恰像搬貨渡著沙漠的駱駝一樣艱苦。

〔註116〕

到了目的地，枝才告訴匏仔舍定價是七元半，匏仔舍邊罵邊丟了五圓給枝才，任憑枝才怎麼說匏仔舍完全不理會，最後連現金都不付，要求記在公司帳上，而枝才收不到現金，空手而回，最後天微明時知才被人發現暈倒在自動車旁。

一所不甚寬闊的寢間是設置在這車庫裏面的後壁角。這間是利用兩邊硬壁和另外兩面粗薄的割板來搭成的，約莫有四疊左右的小方室。……誰相信這間竟然要負起一個宿值室的門牌，而且還要容納四個車夫安眠的大義務。離土尺餘高的床舖是用麥酒箱板釘成的，上面敷著一枚不甚合尺的鹽草席。舖前二片可以左右推動的紙戶扉，手工做的很不錯，可惜橫直的枝骨，破舊的像脫臼的敗齒啦。

〔註115〕 見廢人〈三更半暝〉，原刊於《臺灣新文學》1 卷 10 號，1936 年 12 月初版，本段引文轉引自光復前臺灣文學全集 7《送報伕》，頁 397～398，遠景出版社，1997 年 3 月三版。

〔註116〕 見廢人〈三更半暝〉，《送報伕》，頁 409～410。

鋪上的傢伙很單調，打個比喻可說是「開門不怕賊」的蕭條。只有
幾個當枕的木頭，三件舊相的薄被以外，由天井垂釣下來的一盞電
燈，卻也點綴兩個蜘蛛網，十灼的電球是沒有甚麼光度的。〔註117〕

這篇小說裡道盡了貧富差距的可怕，開頭就點出了車夫宿舍的差勁，而車夫收入如何小說裡並沒有提及，但主人翁枝才連跑四十趟車後口袋裡卻連一角錢買食物都沒有，還得跟同事借，最後借不到後只得去炊事間找東西吃。匏仔舍和藝妲聊天，提及家裡的所飼養的狗市價一隻值五百元，而匏仔舍一趟車從聚仙樓到關子嶺就要車程兩個多小時，車資公價是七元半，而匏仔舍還殺價，且不願意付現金。

這篇小說起稿的時間標註是一九二六年，明顯的作者廢人如果沒有修稿，以一九二六年來看，當時全台的客車僅有四百零四輛，司機人數六百六十人，其中本省人有三百六十四人〔註118〕，以數字而言這應該是個新興行業，怎麼會收入差到沒有能力用餐？若以相關行業查詢，一天收入應不至於少於一元五角，一九二九年起因為經濟大恐慌之故薪資才降至八角，〔註119〕直至小說發表的一九三六年仍是這個水平。作者若不是為了幫中低階層百姓發聲而故意誇大現象，則小說在這十年間應有可能進行大幅修改，但就為中低階層百姓發聲，確實也符合了《臺灣新文學》的風格。

曾在〈秋信〉這篇小說中大肆批評台灣博覽會的朱點人，再次在這期雜誌發表了新作〈脫穎〉。〈脫穎〉中的三貴，有別於前作〈秋信〉裡的前清秀才斗文先生的心向清國，三貴是個生於日治時代，完全認同日本而恨不得自己是日本人的台灣人。三貴在十五歲以優等的成績畢業於公學校，被僱到官衙當「給仕」，在日本官衙盡做些低下的工作，每天面對的只有日本人以這種「喂！給仕！捧茶！」命令式使喚，陳三貴心裡雖然不滿，卻也不敢另謀他就，只得忍氣吞聲，心中抱怨著若自己是日本人，早就已經飛黃騰達事業有成的自我安慰。而面對好友定居的優渥，他也是一直惋惜著自己當初為何放棄那份工作而傷心。

〔註117〕 見廢人〈三更半暝〉，《送報伕》，頁391～392。

〔註118〕 見《台灣省五十一年來統計提要》，表454〈歷年客車輛數〉，頁1187。表456〈歷年汽車司機人數〉，頁1188。

〔註119〕 見《台灣省五十一年來統計提要》，表301〈歷年本省人工人每日工資〉，頁855，表內無運轉手的統計，權引相關行業貨車夫的平均薪資一天約1.5元，若以1988年版《台北市志》卷6物價篇內說明，1935年初任給公共汽車司機工時為一日八小時，日薪八角，見頁60。

人初次踏入社會的第一步，那第一步足以支配那個人的一生的！
〔註120〕

「萬年給仕，無啥稀罕！」他也曾輕視他的頭路，但並不是出於在職怨職的話：「當今日本天時，眞是無處可討殺！」〔註121〕

他想他要是内地人，做過五年給仕，也要昇作事務員了，月給至少也有五十圓，還有宿舍料，要是任官，到了一定年間，就有恩給可領……啊！内地人！生作日本人纏得豐衣足食的……〔註122〕

三貴在家排老三，父母爲三貴兄長們娶妻後已無力再資助他成家，三貴每天見到家人間的爭吵，心中無奈卻也無力改變什麼。他暗戀的日人同事一輩子也不會注意他，他只能繼續這樣混著日子。突然有一天，同事犬養敏子的兄長因日人身分而從軍戰死，三貴台人免當兵的地位突然間得到了犬養家的青睞，於是他平步青雲的成爲犬養家的養子，娶了敏子，也得到了他期盼已久的銀行行員職務。身分的轉換讓他忘了他原本是台灣人。

想起他的舊家，兄弟是兄弟，各人顧自己……敏子，我感謝你的奉仕！〔註123〕

「陳兮！久違了。」他走過來和他握手：「唔！你打扮的這身分！我險不認識」

「啥人是陳兮？」他堆笑容半做正經半在否認打著日本話説：「我是犬養，不姓陳」

「騙人！你我自細漢交陪到大，我怎不認得你是陳兮！」

「我是犬養！」他正經的説。

「不要這樣啦，XXX敢著帶到這麼重！」

「不是說笑的，今後請你以犬養叫我……」

「唔，犬養的……」〔註124〕

〔註120〕見朱點人〈脫穎〉，原刊於《臺灣新文學》1卷10號，1936年12月初版，本段引文轉引自光復前臺灣文學全集4《薄命》，頁136，遠景出版社，1997年3月三版。
〔註121〕見朱點人〈脫穎〉，《薄命》，頁140。
〔註122〕見朱點人〈脫穎〉，《薄命》，頁142。
〔註123〕見朱點人〈脫穎〉，《薄命》，頁148。
〔註124〕見朱點人〈脫穎〉，《薄命》，頁148～149。

三貴轉變之大讓好友定居不解，也無法置信，細問陳父之後才知緣由。定居失去朋友，而陳父失去兒子，而三貴已完全的融入了「犬養」的身分了，小說在最後一句「犬養的」達到了一個嘎然而止的高潮，強烈的反諷意味當下讓人不知是悲劇還是喜劇。

　　這篇〈脫穎〉是目前朱點人傳世的小說中日治時期最末一篇發表的小說作品，朱點人使用「犬養」這個姓，頗有一語雙關的意味。畢竟這個姓是日本前首相的姓。〔註 125〕而從字義上對漢人也有其貶意，我們可以從對話的最後一句話中體會到朱點人對此類「皇民」的貶意。只是，日本官方檢查系統是否得知這個意圖就無法得知，因為有別於〈秋信〉這篇小說被日本檢查人員開天窗，刊載〈脫穎〉的《臺灣新文學》一卷十號該期是整期在「出刊後」被查禁。

　　除了朱點人，王詩琅於同期刊出的小說〈十字路〉，也再次的討論到台日間「同工不同酬」的問題。如同朱點人，王詩琅也是個都市青年，他的觀點也是從都市出發。

> 街市上歲暮的氣氛已十分濃厚、達到沸騰點了。你看！這島都的心臟、殷賑華麗的榮町、京町、一帶充溢滿著人。店內街路、亭仔腳、擁擁擠擠繁忙地在蠕動。店鋪裡和亭仔腳臨時搭起的棚、裝得如花似錦。雜貨店的帽、領帶、化粧品。時鐘店內大小時鐘、時錶的裝飾品。玩具店的新正的種種玩具、花花綠綠排滿了新正用品。〔註 126〕

主人翁張的，曾經雄心勃勃，對未來抱了遠大的希望，但因家中突遭變故，只得從公學校輟學，進了銀行當給仕，他認真的在夜學裡念書，只管汲汲營營在自己的理想，對於社會運動或文化協會之類的知識分子流行事務他一概不關心。最後他成功的考上文官資格，也在銀行裡升了職位，但日復一日的無趣生活加上先前的龐大債務，讓他只能無奈的在工作之餘，開始藉由到咖啡廳去尋樂，來逃避現實。

> 三十二灼的淡黃的燈光、在這不算小的廳裡覺得很幽暗、尤其是沒有人家雜居的樓上是很冷清的。他把牠叫做生了黴的家庭。這幾年來、不論是禮拜或是夜間、自己很罕實實地在家裡蟄居一日、溫抱

〔註 125〕　日本第 29 任首相犬養毅，是領導日本經濟復甦的重要舵手，後在 1932 年的五一五事件中遇刺。

〔註 126〕　見王詩琅〈十字路〉，原刊於《臺灣新文學》1 卷 10 號，1936 年 12 月初版，本段引文轉引自光復前臺灣文學全集 4《薄命》，頁 213～214，遠景出版社，1997 年 3 月三版。

在所謂家庭之愛的懷裡。飯喫完了、一溜煙就到撞球場撞球、或是在朋友處談天。不然就去酒場喝到更深夜靜、把在日間裡在銀行內的辛苦、這時候要著發洩或慰安或是當然吧。〔註127〕

一個搞社會運動的故人定秋出獄後來訪，勾起了張的回憶，他一直對於這些人不努力於升官賺錢，卻老是搞一些對抗權力者行為的人，感到嗤之以鼻，當初張的曾經在定秋被捕前讓他住在自己家裡，想想這算是「隱匿」吧！他慶幸著自己沒被牽連。

「定秋幾時回來？敢不是說明天五月才滿期麼？」

她似乎忍不住了。難澀地在房裡問。

「著啦、說是緊了四個多月假出來的。」

他停了一會才慢慢答。

「你有問表兄現在怎樣？」

「他好像不甚知道。」

表兄──那幾年前在家裡借泊了一個禮拜的 XX──不、想起來是隱匿、還鮮明地印在記憶裡。〔註128〕

張的和兩個同事一起幫定秋洗塵，再次聊起了這些年來的事。張的對定秋大吐苦水，對比當年張的對社會改革活動的嗤之以鼻，努力於升官發財，在定秋入獄的這些年間，張的雄心壯志全部不見了，他似乎也依稀明白了他的努力不會有成果的原因。

「嗤！你還未醒，那是一時代前的事，現在會富的只有那些大資本家。親像我們這樣領薄月給度日的，三頓顧得住還算是好的。現在的窮人想發財，實在是比死更難。」他轉頭向身傍的定秋：「以前我是反對你們，說甚麼這款的社會一定會倒壞，貧窮的人是鐵鎖以外沒有可喪失。現在我雖然還不懂得，只是像我們這樣無錢的人，生活是一日會艱苦一日，這款的社會是會變，卻漸漸明白來。」〔註129〕

張的已經不再年輕，他也沒有勇氣「另尋他途」，只得如此的渾渾噩噩再繼續過下去，他的苦悶沒辦法讓家人理解，只能對著定秋訴苦，而定秋面對著失

〔註127〕見王詩琅〈十字路〉，《薄命》，頁220。
〔註128〕見王詩琅〈十字路〉，《薄命》，頁220～221。
〔註129〕見王詩琅〈十字路〉，《薄命》，頁226。

去向上動力的張的，看著以前很少飲酒的張的現在對酒是來者不拒，也讓定秋感嘆起歲月對人雄心壯志消磨的迅速。

> 沒有學歷及背景的自己在銀行內，要感到渺小與不安。早晨眼巴巴看那些後進的高商或是大學畢業的內地人，賞與袋一年大似一年，豈不嫉妒嗎？〔註130〕

> 自己自給仕任用行員以來，可也已有十年以上了。自己拼命的努力之代價，依然是個下級行員。不看事務上之能不能，那些後進的大學、高商畢業的個個跨過頭上去。想了每日唯唯是諾，像狗子搖尾巴乞憐，奉侍上司還不夠，且不時戰戰兢兢怕被戮首，自己老實覺得自己可憐的很，但去了勢的自己，要另找別途，又怯、又害怕，老實也是不可能的事。〔註131〕

不比朱點人筆下的抗爭性十足，王詩琅的小說裡含有一種灰暗的基調，他採取了呈現事實的方式，而很少下一個明確的行動判斷，將結局留下一個想像空間給讀者，王詩琅隨後在官方公布漢文禁止後便前往中國，直至戰後才又再次返回台灣。

楊守愚發表了小說《鴛鴦》，敘述的是一個女工的故事。女工鴛鴦的丈夫阿榮因為職災而斷了一條腿，為了生計，只得「男主內女主外」，阿榮在家顧孩子，鴛鴦外出做工賺取一天約三四角銀的收入。

> 他覺得自己就像一頭牛，自小能夠做小勞動時，就一直地辛辛苦苦地工作著，沒有快樂，沒有慰安，更不曉得什麼叫做幸福，一生就只有被窮苦和過度的勞動支配著，直到殘廢而不能再任驅使為止，還是脫不離這難堪的折磨！〔註132〕

鴛鴦年約二十一二歲，她的青春受到監工的垂涎，便假借妻子住院的名義要求鴛鴦協助家務，鴛鴦明知監督的目的，但是為了多賺一點錢也就勉強同意了，孰料有一天監督刻意將兒子也支開，用暴力玷汙了鴛鴦，而鴛鴦受到了委屈，卻也不敢向別人訴說，即使這個事件的責任不在她，她依然認為這是可恥的。面對著丈夫阿榮的怒罵，鴛鴦只得忍氣吞聲。

〔註130〕見王詩琅〈十字路〉，《薄命》，頁218。
〔註131〕見王詩琅〈十字路〉，《薄命》，頁226～227。
〔註132〕見楊守愚〈鴛鴦〉，《臺灣新文學》1卷10號，頁54，1936年12月初版。

> 唉！你也曉得我的苦衷麼？你也明白我是被強污了的麼？但，不知
> 怎的，她總囁嚅地怯於啓口，只有自己嘆恨而已。〔註133〕

面對著阿榮的怒罵，鴛鴦不敢回嘴，只盼著阿榮氣消，她也惦記著孩子尚未
吃奶，想要餵餵孩子，卻被阿榮趕出家門。

> 「呸、騷貨！到你中意的地方去吧、我這裡是再也不容你住下去
> 了。」……
>
> 「唉！你不能寬恕我嗎？你不能體諒我的苦衷嗎？啊、我、我、我
> 是醉……」
>
> 「醉、好寫意啊、酒、色、呸！不要臉的淫婦、甚麼體諒？難道叫
> 我任你偷雞絆狗嗎。呸、不要臉的淫婦、走！走開！」阿榮甚至伸
> 出手來推開她、推著、推著、就一直要把她推出門去。〔註134〕

鴛鴦含淚衝進家裡，餵了孩子一頓奶，見外頭沒動靜，以爲丈夫氣消了，怎
知丈夫賭氣衝出了家門，鴛鴦不願和阿榮再次爭吵，便悄悄的收拾行囊，帶
著孩子暫時離開，而此時，她並不知道阿榮已經因意外被火車輾斃，小說在
這裡做了結束，而作爲結尾的，竟是左鄰右舍的閒言閒語。

> 要不、就是有心自殺——
>
> 那也說不定。在店宰我還听說他的妻和會社的監督很要好、近日奧
> サン入院、她還去替他煮飯呢。或者是爲這事、氣不過自盡的。〔註135〕

女工的悲情莫過於此，有的人爲了錢，必須犧牲自己的肉體；有的人不願意，
被人用強，還得受人的閒言閒語指責，工資較男人少，又得忍受職場上的不
平等，而他們爲了生活，也只能淚往肚裡吞。如同楊守愚的〈鴛鴦〉裡的女
工鴛鴦，同期刊出的另一篇小說，黃有才的〈悽慘譜〉，也敘述了類似的故事。
礦場中的礦工們，因爲接連的事件而被裁員不少，人少了，但工作並未因此
減少，剩下的人只得加倍補足缺工部分的勞動成果，而身爲礦中的的老員工
知母一直沒被裁員，坑內的同事都知道原因，知母的妻子阿卻仔，爲了保住
丈夫的飯碗，犧牲自己的肉體去伺候工頭。而知母明知道這件事，他百般不
願，卻也爲了工作而不得不默許。

> 你這樣繃著臉，是對我感到不滿嗎？自己也不會想想，坑裡的人不

〔註133〕見楊守愚〈鴛鴦〉，《臺灣新文學》1 卷 10 號，頁 62。

〔註134〕見楊守愚〈鴛鴦〉，《臺灣新文學》1 卷 10 號，頁 62～63。

〔註135〕見楊守愚〈鴛鴦〉，《臺灣新文學》1 卷 10 號，頁 64。

　　是屬你最老嗎？一些老人都被革職了，你是憑藉著什麼而能維持到

　　今天？還不是叫花頭子的庇蔭？我每晚前去討他的歡心，否則你還

　　有這碗飯吃？你還不是早就被革職了……〔註136〕

一次礦場意外，礦工知母和監工都受了重傷，知母臨死前知道監工就在他的身邊不遠處，他使盡了最後的力氣，討回他身為男人的顏面。黃有才在這裡留下了讓讀者想像的空間，而這種女性在職場中必須忍辱求生的小說橋段，在日治時期，接連不斷的上演著。

第四節　小結

　　台灣語文論爭中分為兩派，一派是「屈文就話」，以使用台灣話為中心。他們認為要照顧廣大的勞苦大眾，則必須「用臺灣語做文，用臺灣語做詩，用臺灣語做小說，用臺灣語做歌謠，描寫臺灣的事物。」另一派則主張「屈話就文」，以適用中國式的白話文。他們認為臺灣話粗糙，不足為文學的利器，而且尚有一些不同的語音，讓人無所適從。雙方爭執雖無結果，卻也加速大家對彼此的了解，種下了日後「臺灣文藝臺灣文藝聯盟」成立的契機。

　　這個時期的新文學勞工小說發表的地點，除了舊有的台灣新民報擴刊的版面外，新文學雜誌的出現，也提供了作家們發揮的空間，從臺灣文藝臺灣文藝作家協會的《臺灣文學》開始，接續著《南音》、《福爾摩沙》、《先發部隊》、到發刊最久的《臺灣文藝》，以及左翼思想最濃的《臺灣新文學》，前仆後繼的雜誌前仆後繼的相繼創刊，提供了作家進行文字試煉與發表的空間，創造出日治時期臺灣新文學的黃金時期。

　　日治時期台灣勞工文學之作，主要集中在這個時期，正好反映了當時的世界經濟情勢。如許俊雅所言：「工業革命成功，使資本主義興起，資本主義者又以帝國主義為武器，攫取殖民地的經濟資源，再製成商品向殖民地傾銷，造成殖民地大量人口失業。……於是勞資糾紛、租佃爭議、罷工事件相繼而起。〔註137〕」社會的變遷影起了社會運動者和小說家們的關注，而一波波的

〔註136〕見黃有才〈悽慘譜〉，原刊於《臺灣新文學》一卷十號，1936 年 12 月 5 日出版，此處引之譯文轉引自光復前臺灣文學全集小說卷七《植有木瓜樹的小鎮》，林妙鈴譯，頁 321，遠景出版社，1997 年 7 月三版。

〔註137〕見許俊雅《日據時期台灣小說研究》，頁 449，文史哲出版社，1999 年九月出版二刷。

投入到這歷史洪流之中，社會運動者以行動企圖改造社會，小說家們希冀用手中的筆來啓迪民智。

日治時期在日本人和本島人間存在著同工不同酬的現象，日人享有多六成的薪資及其他津貼；而資本家和勞動者也在勞動條件上存在著相當的歧見，而資本家往往可以利用條文的制定來大肆壓迫勞動者〔註138〕，即使如此，一批有識之士依然策動成立工會，極力爭取合理勞動條件。在這個時期的小說作品中雖然多是失敗悲劇收場，但小說也成功的啓迪了民智，也促成了少數的抗爭勝利而改善了勞動條件〔註139〕。

而女性則因性別而受到了家庭和工場的雙重壓迫，包含了嚴重的工作條件不合理及性的侵害；而大多數女人皆難以啓齒而選擇默默承受或是以結束生命作爲無言的抗議。

小說並非全是事實的描述，或藉由情節的極端化以引起關注，或藉由寫實的方式讓大眾了解事實，或藉由笑罵的方式來引人注目的一笑。我們藉由小說去了解當時的勞工生活情況，臺灣新文學多半都有著紀錄社會現況的寫實傳統，但作家們是否有意藉由極端的例子加以渲染來引發社會的關注，以釀成風潮，身爲非經歷過那個年代的研究者，必須經由相關的統計資料來加以佐證，以免產生以偏概全的狀況。例如女性勞工在小說中的下場通常就是被壓迫與吞忍的悲情結局，但是在事實上婦女的心細與溫順，加以工資較低，都是促使資本者願意大量雇用女性的原因。一些資本者爲了爭取足夠的員工來增加產能，甚至有的還提供福利來爭取員工。〔註140〕除了薪資多半較男性爲低外，所謂的「悲情」似乎也不盡然是當時女性在職場上的寫照。

〔註138〕如「無故怠業者，不發給退職手當」之類的規定。在陳賜文〈其山哥〉中有詳細的描述。
〔註139〕見維基百科「台灣工友總聯盟」http://zh.wikipedia.org/wiki/%E5%8F%B0%E7%81%A3%E5%B7%A5%E5%8F%8B%E7%B8%BD%E8%81%AF%E7%9B%9F。
〔註140〕見〈台灣蓬草拓殖　獎勵削草　每斤贈抽籤券〉，《台灣日日新報》第 10380 號第 4 版，1929 年 3 月 13 日。

第四章　新文學勞工小說的轉型
（1937～1945）

　　一九三六年日本確定南進政策開始，一直到二次大戰結束的一九四五年為止，日本在台灣的殖民統治邁向了另一個階段。因為戰爭擴大，日本內地經濟無力完全負荷戰爭所需，全國逐漸進入所謂戰時體制，孤注一擲，發動大東亞戰爭。

　　一九三七年中日間戰爭態勢表面化。[註1] 在日本準備擴大對中國戰爭之時，自然對漢人居多的殖民地台灣有所顧忌，也開始試圖加強「同化」台灣人成為日本人的力道。一九三六年九月，預備役海軍大將小林躋造奉命來台，終結了文官總督的時代，也隱約的宣告了台灣即將轉型成為戰爭動員體制下的一員。小林躋造任內以「皇民化、工業化、南進基地化」三個方針大力而強硬的推動台灣的轉型，續任的長谷川清和安藤利吉兩位總督雖採取較緩和的方式，試圖減緩小林躋造強硬做法所引起的反彈，但在配合戰爭大前提下，台灣人在總督府軟硬兼施的情況下，對「皇民化」的宣導，有著不同熱度的配合，而在產業上、在文學中，也表現出了和前期迥異的面貌。本章試圖就受政府戰爭政策影響下台灣的改變與戰爭政策下影響台灣文人創作兩個面相進行討論。

〔註 1〕　台灣教科書慣稱中日戰爭始於 1937 年 7 月的蘆溝橋事變，事實上中國正式對日宣戰是 1941 年 12 月的事。

第一節　戰爭體制下台灣的轉型

大東亞戰爭開始，日本國力消耗甚鉅，光憑日本本島，無力負擔整個戰爭所需，迫切需要台灣經濟的援助。然而要台灣人和日本人一樣能「眞誠」、「同心協力」的爲國家付出，除非台人完全「日本人」化不可。因此，除了取消原來允許的社會運動外，乃由同化政策更進一步，積極從精神上企圖消滅臺人的民族意識，生活上脫離漢民族或南島語族樣式與色彩，全力進行所謂皇民化運動。日本官方除了大倡臺人全面日本化外，並全面動員台人參加其戰時工作，一直持續到一九四五年二戰結束，日本投降爲止。本時期可以稱爲「皇民化時期」，是「內地化」的極端形式。

在一九三七年三月一日包含《台灣日日新報》在內的島內各大媒體也經都在版面上預告要禁止漢文欄，〔註2〕除《臺灣新民報》可以先行減半，緩至六月再全廢漢文，七月蘆溝橋事變，日本對華戰事全面擴大，更加緊了總督府強化台灣同化的腳步。同年九月十日，台灣總督府頒布〈臺灣總督府國民精神總動員實施綱要〉，提出「確立對時局的認識，強化國民意識。」計劃透過強制普及日語、強制採用日本生活方式、迫使台人改用日式姓名、在學校強迫接受日本國民訓練等方面的法律與施政方針，對台灣人進行精神上的全面改造，灌輸台灣人「大日本臣民意識。」

一九四〇年總督府公佈了改姓名辦法，對於改姓名的台灣人及家庭給予一定程度的配給優惠，國語家庭可以享有許多優惠，如小孩較有機會進入設備師資較好的小學校及中學唸書、公家機關得以優先任用、食物配給較多等。一九四一年皇民奉公會成立，開始了全面性由上而下的全面推動皇民化運動。

一、台灣建設的工業化與南進基地化

日本人推動的皇民化運動，主要是爲了消滅台灣漢人的民族意識，必須徹底的摧毀台灣的傳統文化，使台灣人能夠衷心地成爲日本人，爲日本的大東亞戰爭盡一份力。

一九三六年九月小林躋造來台就任台灣的十七任總督，將田健治郎總督的「內地延長」理念更進一步推動，使台灣人徹底日本化，並力圖將台灣轉

〔註 2〕 見《台灣日日新報》1937 年 3 月 1 日第二版，http://database2.lib.ntue.edu.tw.
metalib.lib.ntue.edu.tw/ddn/ttswork/_T1.pdf。(最後瀏覽 2013／05／12)

型成南進戰鬥基地。首先，推動了「第一次生產力擴充五年計畫」，包括了農業政策重返米糧增產之計畫，對糧食實施統制，並獎勵以甘藷代替米來食用。工業方面則將組合或統制團體、製糖會社合併。

在一九三〇年日本議會派松木幹一郎擔任台灣電力株式會社社長，當時沿台灣縱貫鐵路南下，途中象徵現代工場之煙囪，寥寥可數。直到一九三四年完成了日月潭第一發電所，台灣西部地區電力輸送設備完成，才奠定了工業化的基礎，而松木幹一郎也被稱為「台灣電力之父」。惟台灣的工業仍只是扮演日本工業之附庸的角色，半成品或粗製品在台灣生產，精製品階段則在日本生產。如有投資，也只是將日本內地汰換之舊設備遷至台灣設廠，從事次級品的生產。這個階段的新興工業之進展，主要是利用島外資源，輸入原料，配合本島部分資源及電力來發展。

小林躋造在當時所標榜的「工業化」及「南進基地化」，配合軍事動員下的第一次生產力擴充五年計畫，在一九三七年起陸續完成了日月潭第二發電所、東台灣水力發電所、〔註3〕以及一些小型的火力發電所，然而為了配合戰爭，政策的支援偏重軍需工業，而民生工業則被緊縮，使台灣工業體質趨向「重工業」與「基本化學工業」。而分工的區位化也日趨明顯，大量的原料從南洋地區和華南輸入，再利用廉價的台灣電力運轉來生產，使台灣工業化的進程更具意義。

依據生產力擴充五年計畫，包括統制資金、勞力、物資，並輔助成立相關的統制團體，整頓工業研究機關，擴充工業技術人員訓練機關，促進工業都市之建立，設置補助金制度，擴充交通運輸設備，〔註4〕且由總督府自預算中劃定足量經費來完成，我們可以從一九三七到一九三九年間各類企業設備資金用途中，工業部份高居第一，達 75.6%，可見一般。除了資金到位外，為了讓工業發展所需人力也能到位，自一九三八年起，官方也先後頒佈了一連串的勞動相關法令。

〔註3〕依東台灣電力株式會社土木課的各水力發電所施設一覽表（此表約在 1943 年 7 月至 1944 年 8 月寫），水力有銅門、清水第一二、初音，溪口、砂婆石當一二、立霧、大南、太巴六九。（本文引自林炳炎老師部落格 http://pylin.kaishao. idv.tw/?p=258，最後瀏覽時間 2013 年 2 月 27 日），其中清水機組為 1937、1939、1941 年興建，現併入花蓮市東部發電廠負責管理，大南機組為 1941 年興建，現為台東縣卑南鄉東興發電廠，是目前公營運轉中發電量最小的水力發電廠。

〔註4〕見張宗漢著《光復前台灣之工業化》，頁 87，聯經出版，1985 年 10 月初版 2 刷。

（1）學校畢業生僱用限制

（2）國民職業能力陳報

（3）工場就業時間限制

（4）工業技術人員訓練

（5）國民徵用

（6）壯年工人僱用限制

（7）工業從業人員移動之防止

（8）工資統制

（9）勞力調整〔註5〕

其中，一九三九年實施的第三點「工場就業時間限制」鬆綁，確保了勞工缺乏時的緊急應變措施。一九四一年時官方更將第六項和第七項的權責，另設勞務調整會統籌規劃，以防止勞動力流入非緊急事業。〔註6〕

在官方的管制之下，工人的數量自一九三七年的七萬八千餘人，一路攀升到一九四一年的十三萬七千餘人，其中男性勞工從五萬八千餘人增加到八萬一千餘人，增加了二萬三千人左右，增加比例爲百分之四十，而值得注意的是女性勞工從二萬餘人增加到五萬六千餘人，量的部份多了三萬六千人，增加的比例達到了百分之一百七十五，〔註7〕女性勞工不論是增加的數量或是比例，均遠遠超過勞工，可見當時的勞動力需求之大，男性勞工已無法補足缺口，而需要大量的女性勞工來塡補。

工業發展，除了原料，最重要的就是勞力和動力。自一九三四年日月潭第一發電所完工起，以電力供應動力，成爲工廠的選項之後，台灣的電力使用量開始有了大幅的提升。

〔註 5〕見張宗漢著《光復前台灣之工業化》，頁 92～93。

〔註 6〕見張宗漢著《光復前台灣之工業化》，頁 93～94。

〔註 7〕見《台灣省五十一年來統計提要》網路版，工業類表 264。http://twstudy.iis. sinica.edu.tw/twstatistic50/。（最後瀏覽 2013 年 1 月 2 日）

表4－1－1：台灣地區電力供應統計圖〔註8〕

電　力（千瓦／時）	動力用	點燈用
二十三年底（1934）	91671314	4092762
二十四年底（1935）	128544601	4433700
二十五年底（1936）	265789890	5853594
二十六年底（1937）	312840985	6175216
二十七年底（1938）	377493764	7292862
二十八年底（1939）	500411511	10303530
二十九年底（1940）	449191309	11592126
三十年底（1941）	221097294	10106510

　　從表一可以看到，一九三四年底台灣的電力提供動力使用的量是91671314 千瓦，隨後，日月潭第一發電所完工啓用，一九三五年就大幅提高到 128544601 千瓦，比前一年多出了百分之四十。一九三七年起配合五年生產力擴充計劃下增建許多電廠，電力供應大幅增加，到一九三九年，甚至達到 500411511 千瓦的高峰，直到一九四一年起太平洋戰爭爆發，盟軍開始轟炸台灣電力設施等基礎建設，供電量才被迫腰斬。

　　自一九三七到一九四一年間，台灣工業的基礎建設包括電力建設、交通建設多已到位。工業上比較明顯的進展包括了製糖及相關副產品產業、農產加工業、海外資源利用工業、以及機械製造工業四大項。

　　1. 農產加工及紡織工業方面：在戰前以麻紡爲主，戰時推廣植棉，建立棉紡。其後又利用台灣特產的香蕉及鳳梨等原料製造纖維。

　　2. 利用海外原料的工業：台灣礦產貧乏，重工業發展困難，但此等基礎原料工業爲一切工業的根本，爲因應國防之需，開始運用海外原料，運回台灣，利用台灣的優質動力，發展鋼鐵，輕金屬如鋁業、合金鐵等；化學工業有硫安、尿素、石膏、燐酸肥料、水泥、硫酸、玻璃、橡膠等等。

　　3. 機械製造工業：由於水力和火力發電建設的發達，爲台灣的重、化工業之發展奠定更扎實的後盾，以做爲「南進」的重要據點。如兵器工業、火車機關車製造、高雄造船工場、自動車修理、精機工業、耕耘機、電燈泡、通信器材等生產。

〔註 8〕 依《台灣省五十一年來統計提要》網路版，工業類表 268 所修改。

　　一九四一年爆發太平洋戰爭前夕，為了配合戰事需要，總督府於十月廿七日連續召開四天的「臨時台灣經濟審議會」，為了表示對這個組織的重視，與會者包括了台灣各有力公司代表及擬擴充投資工業之有關人士共三十二人，並有日本政府大藏、商工、農林、遞信、鐵路、拓務、外務、陸軍、海軍等部及企劃院等單位代表二十八人列席，台灣總督長谷川清更是自任會長。在會中，確立「台灣工業的南進據點化」原則，強調「必須確立以日本、滿州、支那為根幹，包括南方各地方在內的自給自足經濟，以此推動高度國防國家體制的完成。」並「為了達到這個新使命，除了加強農業生產外，工業的大幅振興，及本島的高度工業化是絕對必需的條件。為推動南方政策，本島的工業化是不可或缺的條件。」〔註9〕

　　臨時台灣經濟審議會在會長台灣總督長谷川清的政策性目標宣告後，隨即分為第一與第二兩個特別委員會開始擬定建設方針，第一特別委員會負責規劃「工業振興方案」，第二特別委員會則是負責擬定「交通建設整備擴充方案」。他們在四天的會議中確認了台灣在太平洋戰爭中所負責的建設任務。

　　工業振興方案主要著眼在於開發台灣的動力，尤以水力發電與石炭資源為主要動力開發要務。其次為利用所開發的動力，尋找合適的地點，進行工業區的規劃與開發。工業區的開發也一併包含了相關的港灣設備、工業用水給與、人力調度與居住規劃等相關措施都一併考量；在這個政策下，包括了新高新都市、〔註10〕花蓮港、蘇澳港等地，以及早先規畫而未開發完以致尚有大量閒置工業用地的地區如新竹市與高雄州等地，都在這個計劃下，加快了工業開發的腳步。此外，配合國策發展而需要全力扶持發展的產業如製鐵業、機械器具業、造船業、化肥業、水泥業等其他產業都有了較前期明顯的進步。

　　在交通設施擴充方案上主要為進行現有交通設施的強化以及前期未完成之交通建設腳步的加快，如國有鐵路的雙軌工程、環島公路的加快鋪設與改良，港灣運輸功能的加強，以及航空與通訊的密集化和強化。

〔註9〕　原文見台灣總督府《臨時台灣經濟審議會議事速紀錄》，頁1～2，台灣總督府，
　　　　　1941；轉引自張靜宜〈日治末期台灣經濟之發展〉，頁7。
〔註10〕　即現在的台中市。

表4－1－2：日治時期臺灣農業及工業生產總值統計［註11］

年	總　　計	農　　業		工　　業	
	產值 （百萬元）	產值 （百萬元）	百分比	產值 （百萬元）	百分比
1915～1919	262.7	144.5	55.0	101.9	38.8
1920～1924	411.5	207.0	50.3	169.5	41.2
1925～1929	559.0	293.6	52.5	216.8	38.3
1930～1934	525.5	255.8	48.0	227.7	43.3
1935～1939	901.0	432.7	41.5	387.0	43.0
1940～1942	1388.4	567.4	41.5	657.4	47.4

　　在台灣總督府強力進行工業化下，台灣的工業產值在一九四二年正式超越了農業產值（見表 4－1－2），這是台灣經濟發展史上重要的一頁。可惜隨後因日本在戰爭中逐漸失利，台灣受到盟軍猛烈的轟炸，這些建設多半在炮火中毀損，或是在國民政府接收時被破壞，直到一九四九年國民政府遷台後，隨著大量技術人員來台並進行修復，才開始止跌回升，但台灣工業產值又再度超越農業時，已經是七〇年代的事了。

二、皇民化運動下的台灣人

　　在原敬內閣有意效仿法國統治阿爾及利亞的殖民方式下［註12］，派遣了田健治郎來台，成為第一位文人出身的台灣總督，而田健治郎也試著貫徹原敬內閣希望執行的「內地延長主義」，在制度先行的方式，漸次教化台灣人日，等到台灣人在生活水平、文化思想都能等同日本人時，最終就能讓台灣人享有等同日本人的平等待遇。然而，在大正年間以迄昭和，田健治郎以降的總督們最終並沒有完成這個理想，而他們較開明的統治方式，加以台灣人民以軟性對抗取代武力對抗，加快促使台灣民智的開化，二〇年代的社會運動和三〇年代文化運動的風起雲湧，讓台灣社會逐漸向上提升。

［註11］　筆者據史明的《台灣人四百年史》，頁 404 之表 75〈台灣各種產業發展狀況（年平均）〉加以簡化而成，草根，1998 年 4 月初版。

［註12］　見陳其澎〈「框架」台灣：日治時期殖民現代性的研究〉，頁 2，文化研究學會2003 年年會‧「靠文化‧By Culture」學術研討會。

　　隨著戰爭腳步的逼近，小林躋造終結了文人總督的時代。小林躋造任內強力的壓制了種種帶有漢人色彩及潛行民族意識的本土文化運動，並輔以「國民精神總動員」，將之前的內地延長主義理想進化成皇民化運動，希冀台灣人能成爲眞正的日本人。

> 從一開始，爲了顯示國體的意義，闡明人民的決心，接受並實行「在他公平注視下」的帝國願望，進而產生同化的事實，這一直是日本統治台灣堅定且不變的政策（目標）。鑒於帝國的使命，台灣的地位以及當前的世界局勢，最緊急的任務是讓五百萬島民獲得與日本人同樣的資格，以恢復他們的決心，共同爲國家的繁榮奮鬥。爲了達到這個目的，我們必須透過提升大眾教育，矯正語言風俗，並培養忠誠的國子民的基礎，以便爲帝國精神的推廣貫徹而奮鬥。〔註13〕

要讓台灣人成爲眞正的日本人，成爲眞正的皇民，最根本的基礎，便是教育，必須要讓台灣人能懂日語，政令下達才會有其效用。在經歷過超過三十年的努力之下，到一九三六年時，日語熟練者已達百分之三十二點九，而在一九三〇年日本剛開始實施「國語普及十年計畫」時，日語熟練者只有十二點三六，短短六年，日語熟練者人數幾乎超過一倍。〔註14〕到了一九四〇年時，台灣社會中日語熟練者達到百分之五十一。〔註15〕國語熟練者的定義包括了：一.在於公學校和有關教育機關的兒童；二.公學校及其有關教育機關的畢業生；三.參加國語普及活動的學生；四.國語普及機關修畢者。〔註16〕但據周婉窈的研究，他質疑上述第三和第四項是否可歸類爲國語熟練者，因爲第三和第四類的人參加國語講習所課程，一年只上六十至一百天，一天授課不到三小時，而因爲學制不同，也不能和正式課程銜接，以此觀之，或有明顯的灌水之嫌。〔註17〕但從上述官方發表的數字中我們依然可以看出官方在日語方面的的積極推廣普及化。

　　除了積極推動國語普及化外，爲了讓台灣人能在「名義上」和日本人相

〔註13〕原文引自鷲巢敦哉《台灣保甲皇民化讀本》，頁168，台灣警察協會，1941年出版。此處中文翻譯據荊子馨《成爲日本人》，頁132，麥田出版社，2011年5月初版五刷。

〔註14〕見陳培豐《同化の同床異夢》，頁394，麥田出版社，2006年11月1日出版。

〔註15〕見陳培豐《同化の同床異夢》，頁402。

〔註16〕見陳培豐《同化の同床異夢》，頁402。

〔註17〕見周婉窈〈從比較看台灣與韓國的皇民化運動〉，頁171～172。

同，一九四一年公布的第三次「台灣教育令」，取消了一切分流教育的名稱，不論公學校、小學校、蕃教所，一律改稱為「國民學校」。一九四三年，台灣學齡兒童的就學率，達到了百分之七十一點三，而在山地地區更高達了百分之八十六點四，根據表4－1－3，可明顯得知，由於提高的就學率，再加上增加的校數，可知日本在台的教育政策是有進步的趨勢，它使得台灣人普遍的教育水準提高了不少，這個義務教育的普及數字對比當時所謂的先進國家，是毫不遜色的。

　　除了教育外，日本也積極推動「國語家庭」的認證，官方鼓勵有領導地位的台灣人能夠帶頭申請做為示範作用，而身家清白的台灣人也能申請認證，將漢姓更改為日本姓氏，並使用日語交談。凡能依政令而行的家庭，合格者可以獲頒家門口可懸掛「國語家庭」的牌子，以示尊榮。當時民間物資日益匱乏，總督府開始實施配給制度，「國語家庭」可以獲得優先及較佳的配給待遇。即使如此，台灣人變更為日本姓氏的人口並不多，至一九四三年底，全島六百萬島民當中，大約只有一萬七千餘戶改姓名，總人數約十二萬人。

表4－1－3：日據時期台灣國民學校數、學生數與兒童就學率統計資料
〔註18〕

年　份	校　數	學生數	男童就學率	女童就學率	平均就學率
1919	565	147,628	32.4%	7.4%	20.7%
1923	849	238,574	43.9%	12.3%	29.0%
1927	876	246,615	44.3%	13.8%	29.7%
1931	894	301,930	49.5%	17.9%	34.2%
1935	917	407,449	56.8%	25.1%	41.5%
1939	957	593,990	67.2%	38.1%	53.2%
1943	1074	862,674	80.9%	60.9%	71.3%

　　要成為真正的日本皇民，除了在教育上推廣日語外，以「國語家庭」的褒揚讓台灣人在日常生活的食衣住行能和內的一致，在文化信仰上官方也積極的禁行漢文化的消滅，最明顯的動作，就是推動日本傳統宗教以及摧毀台灣人的傳統信仰。

〔註18〕　見汪知亭《台灣教育史》，頁46，台灣書局，1978年初版。

　　一九三七年起官方開始有計畫的整併台灣傳統祭典，如台北地區的大稻埕，五谷先帝、保生大帝、法主聖君、天上聖母、霞海城隍祭拜禮，在官方要求下五合一，統一在五月舉行「合同慶典」，即是一例。一九三八年台灣總督府召集各地方官會議，授權地方政府開始整頓寺廟，寺廟以全廢爲原則，但過渡時期可一街庄保持一寺廟，舊有的祭祀活動也以簡化及齊一爲原則，祭祀的神明應改爲純正的佛教或道教的神佛，建築物也必須漸次改爲佈教所或寺院型態。一九四○年八月，嘉義地區七十餘座寺廟也被整理成唯一的「嘉義廟」，並訂定十月十五日爲統一祭典，而基隆地區也在此模式下行之於基隆慶安宮。

　　剛開始整理寺廟時，台灣傳統寺廟的神像中，各種祭祀器具都被毀棄，凡是泥塑神像均被摧毀，木雕神像除了一部份送政府研究單位典藏外，大部分都被集中燒毀，美其名爲「寺廟神升天」。暫時倖存的寺廟，爲免再被官方關切，主動將寺廟的屋脊兩個角拆除，讓建築物成爲日本式。然而官方進行宗教整理的過程太過粗暴，統一祭典未顧慮到諸神的信仰背景不同，導致不倫不類，加以日式信仰的神社大興土木，對比台式信仰的整併消滅，差異頗大，引起了極大的民怨，一九三九年日本國會議員甚至也曾針對過這個問題提出質詢。

　　一九四○年底，台灣總督小林躋造下台，長谷川清上任，爲了消緩民怨，攏絡人心，他來台灣上任的第一天時，上午到台灣神社參拜，下午就到艋舺龍山寺燒香，並交代隨屬「不可任意毀損台灣寺廟」。〔註19〕只是台灣總督府的目標是藉著皇民化運動讓台灣人的精神日本化，在日人看來，寺廟與迷信的整頓，不可諱言是皇民化運動的一環，只是這個措施雖然有助於陋習的改良，卻往往引起更多的民怨。很多寺廟爲了自保，紛紛加奉佛教的神祇如觀世音菩薩、釋迦摩尼等，以免被拆除。

　　日治時期作家吳新榮曾在日記裡提到了他當時的生活狀況，吳新榮出生於一九○七年，是完全生長在日治時期的一位南部作家，接受過完整的日本教育，爲了能融入當時的上層社會，他必須努力讓自己以一個日本人的身份來思考。

　　　我們每天做完了工作，就脫下西裝，換上和服和木屐，半天過和服

〔註19〕見許伯埏《許丙、許伯埏回想錄》，頁250，中央研究院近代史研究所，1996年9月初版。

生活；吃醃蘿蔔、味素湯、生魚片、日式火鍋。又以家中設他他米
寢室爲榮。而後以日本話談話，用日文寫作，最後以日本式的方式
來思考。一切只爲了方便。「方便」與「必要」成了同化的不可缺條
件。我們是被方便與必要所迫，而被同化的台灣人。任何人都認爲
我們是日本人。恐怕大和民族形成以前的日本人也是如此吧！
〔註20〕

日本官方利用教育的管道，達到皇民化的紮根；利用打壓台灣宗教的方式，
希望能轉換台灣人的傳統禮俗。除此之外，官方還希望台灣人的皇民化，除
生活和宗教上都能逐漸和道地的日本人相同外，也必須要盡一份和日本人相
同的出征義務。總督府於一九四二年一月十六日公佈了《陸軍志願兵訓練所
生徒募集綱要》，開始了皇民化的第三步——徵兵。

　　原先台灣人不需要當兵，但因爲人力缺乏的情況下，於是開始「徵僱」
台灣人充爲較低階的軍伕和軍屬，最早是從一九三七年九月開始，第一批台
籍軍夫隨即投入上海戰役。這批招募人員稱爲「台灣農業義勇團」，在上海附
近開農場。而後因爲戰線拉長，台灣總督府又以各種名義招雇台籍軍屬和軍
夫到中國擔任物資運輸、佔領區農工業建設等工作。

　　一九三八年朝鮮總督府開始實施「朝鮮特別志願兵」制度，讓朝鮮人以
「軍人」正式加入戰場，但因顧慮台灣人和中國人同爲漢民族的關係，這項
制度當時雖然沒有立即在台灣實施，但是官方也開始在《台灣日日新報》上
鼓吹台灣應該要跟進朝鮮的制度，成爲眞正爲天皇效忠的皇民。〔註21〕一些
台灣知識份子們也認爲在戰況吃緊的情況下，日本可能也沒辦法去顧慮這層
關係。果不其然在太平洋戰爭爆發之前的一九四一年六月二十日，台灣總督
府與台灣軍司令部正式宣布志願兵制度將在次年開始實施，並且開始動員媒
體報導這項消息，塑造出台灣人「熱烈期盼」成爲志願兵的氛圍。〔註22〕

　　據當時媒體報導，自志願兵制宣布日後便有七百餘人向台灣軍司令部與

〔註20〕見吳新榮《吳新榮日記2》1938年1月19日敘述。張良澤編，國立臺灣文學
　　　　館，2007年11月20日初版。
〔註21〕見〈志願兵制度の施行方を協議　本島人市議連が〉，《台灣日日新報》1938
　　　　年1月20日2版。若以「志願兵制度」爲關鍵詞進行搜尋，相關的新聞光是
　　　　1938年一年就有26則之多。
〔註22〕自1941年6月20日總督府宣佈台灣要實施志願兵制度至1942年3月10日
　　　　報名截止爲止約8個半月間，以「志願兵」爲關鍵詞在《台灣日日新報》上
　　　　進行搜尋，共有692則，換算下來一天約有三則和志願兵有關的文章。

各地憲兵隊提交志願書，到八月底更突破三千名，〔註23〕至開戰後的一九四二年初更達兩萬人以上！不過實際上當時總督府只是宣布該政策將要施行，詳細的申請方法與施行細則都還未宣布，竟然就出現這麼多有志從軍的青年，可見在當時皇民化運動對台灣人的影響有多大。

根據所公佈的日本陸軍特別志願兵制度規定，只要年滿十七歲、沒有重大前科、符合標準體格的台灣男子，均可申請，而申請之後要經過身家調查、筆試與口試後，合格即可入伍接受訓練。據統計，第一次台灣志願兵徵選，從一九四二年二月一日開始接受申請，到截止的三月十日止，約有四十二萬六千餘人提出申請，角逐約千名左右的志願兵位置。

所謂的「志願」應該是出於自願，然而在大環境下，縱使不願，又有多少人敢直截了當的告訴徵兵人員說自己不願意？曾有當兵經歷的作家陳千武在戰後提筆寫下這段當兵經歷，其中就曾在提及他被「強迫自願」的感想。

> 我是志願來的？是，確實我寫過志願書。在佩刀的警察和兵役官來拜訪的那一天，我寫過，我蓋章過，如果，我不寫志願書，他們就稱我非國民。事實，我本非他們的國民。但他們強要登錄我是他們的國民，是根據李鴻章賣給他們的奴隸契約。因此，我違背了他們時，他們可以任意指責我是非國民，而把我埋沒掉。不但我的存在，生死之權，在他們的掌握裡，所有殖民地土民的命運，都是如此。
>
> 這個時候，男人的生命只值「一錢伍厘」的一張郵票。〔註24〕

當然，能夠當兵證明了台灣人不再是日本的第二等國民，也有人是衷心的期待藉由當兵這件事，證明自己體內流的血，和其他日本人一樣，都是天皇的子民。另一位作家周金波，就曾提及當兵這件事對他的意義。

> 在台灣有一種感覺，我們之所以被歧視，是因為我們沒有流血。若有流血犧牲，就可以說大話，要求實踐義務。每個人都認清這個事實。〔註25〕

曾寫下〈台灣籍日本兵手記〉的台籍老兵簡傳枝回憶起當年的日子，曾經說過：「日據時代的台灣人，可說是二等、甚至三等國民；日本人吃白砂糖，台

〔註23〕見〈志願兵三千を突破異彩放つ看護婦志願の八八女性 筆頭は高雄州の千五百〉，《台灣日日新報》1941年9月5日3版。

〔註24〕見陳千武〈輸送船〉，《活著回來》頁33~34，晨星出版社，1999年8月30初版。

〔註25〕見周金波〈談我的文學〉，《文學台灣》23，頁233，1997年7月5日出版。

灣人配給較差的黑砂糖；日本人吃上等瘦肉，台灣人供給量少的下等豬肉。因爲只有當兵才能不被歧視，可享受與日本人同樣的待遇，因此，許多台灣人就志願從軍。」〔註26〕日本人藉由配給的升等，吸引台灣人從軍。在當時，官方藉由精神上及物質上的鼓動，許多台灣人參加了徵選。

值得注意的是，早期在一九二〇年代，台灣文化協會和台灣民眾黨都曾爲了爭取「內台平等」而提出了希望台灣人能和內地日本人盡一樣的兵役義務，但官方疑慮台灣人的民族立場而予以擱置，到了一九四〇年代卻因爲戰爭因素人力短缺而顧不上這些問題，最終以「志願兵」的方式篩選出他們認爲思想純正而體魄雄健的台灣人加入了戰場。

一九四三年一月官方又開始了第二梯次的陸軍志願兵徵選，這次也有近六十萬人參加，同樣只錄取千餘名。同年七月，也開始了海軍志願兵的徵選，報名徵選的人數也達三十萬之多。一九四三年九月二十三日，臺灣軍司令部、高雄警備府與「臺灣總督府」更共同發表聲明，將自一九四五年起正式在台施行徵兵制度。據戰後的統計資料，包含軍伕、軍屬與志願兵等，日本在台灣徵募了超過二十萬人。〔註27〕若以兩千年以後開始進行的訪談工作中，似乎多數接受訪談的老兵們包含著原住民或是漢人，多半都認同於自己是「志願者」居多，「被強迫者」較少，似乎也證明了皇民化在台灣確實起了一定程度的作用。

第二節　戰爭初期臺灣新文學小說中的勞工處境

經歷了一九三七年的漢文廢止，以漢文作品爲主的新文學作家們淡出了舞台，如王詩琅前往中國、朱點人封筆、楊守愚重返傳統詩壇。而台灣在歷經了幾十年的殖民統治與教育之後，也出現了一批日文素養佳，作品的質與量都不輸給日本作家的台灣作家。這一批作家從較早期的《福爾摩沙》雜誌，到《臺灣文藝臺灣文藝》雜誌，以迄《臺灣新文學》雜誌中，都有相當的作品，而在這個時期，他們全面性的從新文學漢文小說家們的手中，接下了文學傳承的棒子。

〔註26〕　見〈台籍日本兵　志願從軍　爲與日人平起平坐〉，轉自 http://sam.liho.tw/2005
　　　　/04/07。（最後瀏覽：2013 年 3 月 12 日）
〔註27〕　此爲日本厚生省統計資料，轉引自維基百科〈台籍日本兵〉詞條，見 http://zh.
　　　　wikipedia.org/wiki/%E5%8F%B0%E7%B1%8D%E6%97%A5%E6%9C%AC%E
　　　　5%85%B5。（最後瀏覽：2013 年 3 月 12 日）

在皇民化浪潮及戰爭氛圍下，隨著漢文欄廢止及《臺灣新文學》的停刊，新文學一度沉寂下來，自一九三七年六月《臺灣新文學》停刊後兩三年間，在肅殺的氣氛及缺乏發表舞台的情況下，新文學小說家們沉潛了，而立場偏左的勞工小說，也因而消失。勞工小說再次出現在新文學舞台上時，文學風貌已不同於以往偏左派的寫實風格。

一、以妥協與接受代替抗爭的勞工小說

一九三七年四月龍瑛宗投稿到日本《改造》雜誌上的處女作〈植有木瓜樹的小鎮〉發表了，月薪二十四元的新到任會計助理陳有三彷彿就是台灣知識份子的寫照。剛畢業的陳有三滿懷理想，寄望著有朝一日能直上青雲。

> 陳有三在心裡強而有力地說。他立志在明年之內要考上普通文官考試，十年之內考上律師考試。……最確實的是一年昇給一圓，十年後月薪也不過三十四圓。這期間假如結婚的話，就像前輩蘇德芳那樣地成為一個被生活追趕的殘骸。……陳有三以優異成績畢業於T市的中學校，這事使他有充分的信心：憑自己的腦筋與努力，可以開拓自己的境遇。陳有三既已畢業（他之所以進中學，是因為鄉下無學的父親聽到兒子的同學都志願考中學，便讓兒子也跟人家去考試，原先並無定見；中學畢業之後，就沒有更高級的學校可進。）
> 遊蕩了四、五年，得悉這個街役場有缺員，便趕緊報名應徵，擊敗了二十多名報考者，通過任用考試，這還不是憑努力就可解決一切嗎？陳有三滿懷美夢。〔註28〕

計畫著未來的陳有三，思考著如何用最快的方式得到幸福的生活，最好的方式就是成為日本人，不論是內台通婚或是成為日本人的養子都行，只要能成為日本人，就能獲得快速升遷的機會。

> 運氣好的話，跟日本人的姑娘戀愛進而結婚吧。不是為此才公佈了「內台共婚法」嗎？但要結婚的話，還是成為對方的養子較好。因為改為內地人的戶籍，薪水可加六成，還有其他種種利益。不，不，把這些功利的想頭一概屏除，只要能跟那絕對順從、高度教養、如

〔註28〕見龍瑛宗〈植有木瓜樹的小鎮〉，原刊於1937年4月號的《改造》，此處中文譯文引自台灣作家全集《龍瑛宗集》，張恆豪主編，龍瑛宗修訂版，頁26～27前衛出版社，2004年8月初版5刷。

花艷麗的日本姑娘結婚，即使縮短十年、二十年壽命都無化可說。

〔註29〕

對受過教育的陳有三而言，對台灣人的印象是鄙俗的，他希望自己能跳脫這樣子的命運，他並不願意過著這種被鄙視的生活。

> 吝嗇、無教養、低俗骯髒的集團，不正是他的同胞嗎？僅爲了一分錢而破口大罵，怒目相對的纏足老嫗們，平生一毛不拔而婚喪喜慶時借錢來大吃大鬧，多詐欺、好訴訟及狡猾的商人，這些人在中等學校畢業的所謂新知識階級的陳有三眼中，像不知長進而蔓延於陰暗生活面的卑屈的雜醜草。陳有三厭惡被看成與他們同列的人。

〔註30〕

面對著週遭本島籍同事的墮落與鑽營，陳有三是刻意抗拒著，爲了自己的未來，他抗拒著一切享樂的誘惑，但是，對於這些同事們的招呼與誘惑，他的意志力很明顯的一次比一次衰微著。

> 從同事、朋友口中聽到的，不是人家的謠言，便是關於金錢或女人的話。他們甘於現狀，張著血眼尋求掉落於現實中的些許享樂而滿足。陳有三雖然反對他們，但與他們接觸多了，那種反彈的力量越來越遲鈍。〔註31〕

力求上進，不急著嫁娶的陳有三愛上了同事林杏南的女兒，愛情戰勝了理智的陳有三，請另一位同事洪天送向林杏南轉達他的想法，被林杏南委婉的拒絕了，原因就在於經濟的實力。

> 像你這樣的人，能把我的女兒托付給你，是最感高興的事。你的性情我很了解，女兒當然也最高興。但很遺憾的，你也知道我的家計很不如意，還要養一個病人。再加上我的職業也保不了多久，一但我失了業，一家人非即刻迷失街頭不可。想到這，女兒最可憐，成爲一家的犧牲，希望能把她賣高一點價錢。所幸女兒的美貌不錯，已有鄰村的富豪家來提親，目前已經談的差不多了。你正是年富力壯的有爲青年，不難娶個更好的女人，請把這一件事當做一場惡夢忘掉吧。再重複說一遍，我的本意是比誰都願意把女兒付託給你，

〔註29〕　見龍瑛宗〈植有木瓜樹的小鎮〉，《龍瑛宗集》，頁28。
〔註30〕　見龍瑛宗〈植有木瓜樹的小鎮〉，《龍瑛宗集》，頁27。
〔註31〕　見龍瑛宗〈植有木瓜樹的小鎮〉，《龍瑛宗集》，頁49～50。

> 但無可奈何的環境逼的無法達成你的希望，至爲遺憾。這件事，有
> 一天你一定可以了解的。〔註32〕

經歷了失落的愛情，陳有三開始選擇了他之前所鄙夷的墮落之道，經濟實力仍舊戰勝了一切，他的愛情等不到它的飛黃騰達就消逝了，他沒有戰勝命運的力量，只能麻醉自己。

> 陳有三已不再寄錢回家，一味地把理性與情感沈溺於酒中。在那種
> 生活中，湧上未曾有過的陰暗的喜樂，拋棄所有的矜持、知識、向
> 上與反省，抓住露骨的本能，徐徐下沈的頹廢之身，恍見一片黃昏
> 的荒野。〔註33〕

對照著朱點人筆下的陳三貴和龍瑛宗筆下的陳有三，他們都有著受過新式教育的新一代台灣人的共通點，嚮往著日本人的生活而鄙視著自己出身的台灣人生活，陳三貴幸運的入贅成功成爲日本人，過著他心中的理想生活，而陳有三沒有這個機會，連想娶自己心愛的女人都不可得，最後只能選擇逃避現實。從這兩篇小說中可以很明顯的發現朱點人筆下刻意反諷了這個現象，但龍瑛宗筆下則是落寞而無奈的接受了現實，除了作者的個性迥異外，似乎也預告了一種新的描寫風格的轉變。

一九四〇年三月，呂赫若發表了小說〈藍衣少女〉，一個年輕男老師萬欽，爲了參加府展，以自己已畢業的學生妙麗爲模特兒，畫了一幅畫像，畫像卻在完成不久後即被偷走。隨即，排山倒海的批評浪潮指向這位年輕的老師萬欽，認爲他的行爲不是正當的教育者，而讓萬欽更不高興的是，他的長官校長完全沒有爲他解釋，只一味要萬欽跟村民們道歉。爲了延續他的工作，這位知識的勞動者萬欽妥協了，叱責自己只是個無用的畫家，甚至想向地方人士道歉，並勸說妙麗回歸人婦的命運。然而，本該強勢的男性呈現弱勢，而傳統上屬於弱勢的女性，也就是畫像的主角妙麗，她想要反抗這個命運。

> 生活沒有意義，不是嗎？乞丐也有飯吃。在這個山中，而且要成爲
> 那個白癡、像標本的姜大川之妻子，一輩子與他共同生活，無論如
> 何我都無法辦到。無法辦到。是的。無法辦到。我不要在這個山中，
> 在這個討厭的空氣中，日覆一日重覆討厭的工作，等待變成黃臉婆，
> 然後長埋於此山中。不要！我不要嘛！有錢也不能怎麼樣啊！我想

〔註32〕見龍瑛宗〈植有木瓜樹的小鎮〉，《龍瑛宗集》，頁67。
〔註33〕見龍瑛宗〈植有木瓜樹的小鎮〉，《龍瑛宗集》，頁71。

> 更深入探求生活的意義啊！這樣世界才會遼闊啊！不是嗎？〔註34〕

呂赫若並沒有在小說中交代妙麗最後是否有以行動來支持自己的信念，我們看到的是主角萬欽對環境壓迫的妥協，他反握剪刀跳向畫作，故事在這個動作中結束。這篇小說發表在一九四〇年，相較於他一九三七年以前所發表的小說如《牛車》裡的楊添丁或《暴風雨的故事》中的老松，主人翁都試圖去反抗環境的壓迫，相較之下，他對尺度的拿捏上有開始進行一些修正。

同年七月，龍瑛宗也發表了一篇以教師為主體的小說〈宵月〉，從主人翁協助處理一個昔日同窗兼現在同事彭英坤的喪事，插敘著彭英坤昔日學生時期的意氣風發，與入職場後的抑鬱落魄。

> 彭英坤在中學的五年間，成績經常保持十名以內，畢業那年，我記得他是第三名。
>
> 彭英坤還是運動選手，特別是跳遠的項目，他是學校的記錄保持者。
> 〔註35〕
>
> 中學校時代像駿馬般的彭英坤，跟現在這麼貧弱像稻草人般的彭英坤，感覺完全是不同的人。僅認識今天的彭英坤的人，怎麼能想像他也曾經有年輕的雄姿呢？不，甚至連我自己也會錯覺，中學校時代的彭英坤，好像不是實在的，好像是幻影而已。〔註36〕

小說中並沒有介紹彭英坤墮落的原因，只透過了作者的視角來側寫彭英坤的狀況，他是學校的代理教員，娶妻並養著四個孩子，有著幾百元的負債。失去理想，行屍走肉，不再碰書。平時沉默寡言，只有喝了酒才會說出內心的想法。最後，他便在酒精中毒中死去。

> 我自己是最懶惰，最不熱心的教員。……我也不知道自己為甚麼這樣沒有力氣。好像虛脫了，身體一點力氣也沒有。以往不是這樣子，那個時候身體像泉水湧出力氣來，使我無法安靜，一切都看得明朗快樂。那樣活得有價值的生活，回不來的話，真讓我覺得悲哀。……

〔註34〕 見呂赫若的〈藍衣少女〉，原文為日文，發表在《台灣藝術》一卷一號，1940年3月出版；中文譯本採林至潔的譯本《呂赫若小說全集》（上），頁224，印刻出版有限公司，2006年3月初版。

〔註35〕 見龍瑛宗〈宵月〉，原文為日文，原載《文藝首都》第八卷第七期，1940年7月。此處中譯採陳千武譯本，見《龍瑛宗全集》中文卷第一冊小說集 1，頁151～152。

〔註36〕 見龍瑛宗〈宵月〉，見《龍瑛宗全集》中文卷第一冊小說集1，頁155。

> 我的薪水眞的太少,又有四個餓鬼小孩,無法償還的許多債款。我
> 心裡黑暗而苦悶,爲了逃避現實而喝酒,結果更糟。可是現在,我
> 如果被免職了,會怎麼辦?我的風評很壞,甚麼地方都不會要我。
> 家人都會餓死的。校長,你可憐我而救了我。我眞的要謝謝你,感
> 謝你。〔註37〕

在一次忘年會中彭英坤酒後吐眞言,把他的鬱悶一股腦全部倒了出來,環境
不允許他追逐自己的夢想,他放棄了自己的夢,認份的領著微薄的收入撐著
家計,而他唯一能逐夢的時間,就是喝完酒後,在夢中去建構他的理想,而
最後,他的人生也隨著酒精走到盡頭,仍舊是一個放棄抗爭,選擇對環境妥
協的小說。

經歷過一九三七年漢文欄廢止事件之後,臺灣新文學界中的漢文發表園
地已寥寥可數,漢文雜誌僅剩少數通俗文學雜誌、漢詩雜誌、宗教雜誌,因
立場向來不以抗爭爲目的而倖存了下來。其中,《風月報》體系〔註38〕因爲和
新文學在屬性上較爲接近,也吸收了一部份漢文作家在那裡發表作品,唯在
質與量的部份,都已經不能和一九三七年以前漢文小說的盛況相提並論了。
其中,以白話文描寫勞動者生活的勞工小說,僅有兩篇,皆出現在一九四一
年。

一九四一年二月,筆名夢痕的陳肇基在《南方》發表了短篇的漢文小說
〈一個不幸的兒童〉,一個一出生沒多久的失怙孩童阿義,爲了家中生計,放
棄了進入學校讀書的機會,選擇了成爲一個小勞動者來掙錢。他不是不想讀
書,他想反抗環境,然後,他終究放棄了抗爭,而對環境做了妥協。

> 他每看到別的孩子,背了書包到學校裡去的時候,他就欣羨
> 似的呆立在街路上,望送著那些兒童,心裡便引起無限的悲哀,
> 因爲他也曾和媽媽開始過就學的談判,結果總被惡劣的環境,打
> 算了他那熱烈的希望!而使他的媽媽在流淚了,他就跟著他的媽
> 媽流著了。

〔註37〕 見龍瑛宗〈宵月〉,《龍瑛宗全集》中文卷第一冊小說集1,頁159～160。
〔註38〕 這個體系包含其前身的《風月》雜誌(1935.5.9～1936.2.8)、《風月報》(1937.7.20
～1941.6.15)、《南方》(1941.7.1～1944.1.1)、《南方詩集》(1944.2.25～
1944.3.25)。其中,除最後的《南方詩集》是以詩爲主之外,其他雜誌都是屬
於綜合性刊物,包含小說、散文、詩等具有收錄。

　　「媽！我不再想去唸書了！你別哭吧！我要到福伯的油條舖去買油

　　條了！」〔註39〕

阿義說出了「我不再想去讀書了」的話，他真的不想讀書嗎？很明顯的他是
體貼母親，不願意母親難過，於是選擇了放棄抗爭，擁抱了這個他所不喜歡
的命運，成為了一個小勞動者。每日每日的勞動，面對鄰家孩童們的羞辱，
他也選擇了逆來順受。

　　孩童們看他穿著襤褸的衣服，都譏嘲了他，罵他是沒有爸爸的孩子：

　　「壞蛋！快滾出去啦」其中一個惡孩童，舉起手打了他一個嘴

　　巴，……他的眼眶裡湧上了淚珠，涔涔地垂過了臉頰，我看他那羸

　　弱的身軀在微風中顫抖著。〔註40〕

在小說中，阿義最後因為生病，加上過度的勞動，引發了急性肺炎而離開了
塵世。作者筆下的小勞動者阿義，面對環境的壓迫，依舊選擇了接受，放棄
抗爭，即使付出了生命做為代價。

　　一九四一年六月，蔚藍發表了小說〈環境〉〔註41〕，描寫了一位在小印
刷工廠裡擔任排字工的年輕工人小全，在辛苦勞動之餘，勤敏的利用工餘時
間奮力筆耕。他的進修，得不到工廠的支持。

　　工廠裡有規則，時間中除了埋頭工作外，是不能做別的事。小全為

　　了這層，時時都感到威脅，……可是有時做夜工，他也不得不偷點

　　閒讀讀寫寫，然而不曾給主任碰見，就沒有什麼，有時給主任碰見

　　了，……又免不了受主任厲聲的喝罵。所以小全工作中看書和寫作

　　有點害怕了，同時又深恨主任的不同情。〔註42〕

小全嘗試晚班結束後回家再寫，但在熬夜的情況下因為睡眠不足，反而造成
上班時打盹，更受到長官跟同事的嘲笑。小全一度決定埋頭工作，放棄寫作。
但是，對小全而言，沒有寫作的生活是苦悶的，於是，在靈感突然造訪的情
況下，小全再次決定拿起筆，這次，小全利用午休的十五分鐘寫稿頭，剩下
的回家再完成。隨著時間流逝，小全完成了作品，並且將作品用個筒封好，
寫上「應徵稿件」寄出。兩個多月後，小全得到了他朝思暮想的結果。

〔註39〕　見夢痕〈一個不幸的兒童〉，《南方》第123期，頁8，1941年2月1日發行。
　　　　原文為中文。

〔註40〕　見夢痕〈一個不幸的兒童〉，《南方》第123期，頁8，1941年2月1日發行。

〔註41〕　蔚然〈環境〉，《南方》第131期，1941年6月1日發行。

〔註42〕　見蔚然〈環境〉，《南方》第131期，頁14，1941年6月1日發行。

> 楊先生！鄙人便是某雜誌的記者，敝社這次徵募稿件，蒙你熱忱投
> 稿，敝社的審查員，審查先生的大作爲正選，現在照徵求啓事聲明，
> 酬金五百元，鄙人特此送來，此點微敬，希望先生收起！〔註43〕

小全得到了成功，但在狂喜過後，他平靜下來思考著他的下一步，他有著數百元的資本，他全然可以用這筆不算小的資金，專心著他下一步的寫作，他是有可能成功跳脫這個環境的，但是，他最終仍就放棄了，他一輩子在威脅中過生活，他選擇了回到讓他茫然卻比較具有安全感的工廠裡，過著原先他所極力想跳脫的生活，放棄了對環境壓迫的抗爭，繼續混下去。

> 他想這是偶然的橫財，坐食山空，豈能依靠。……小全很痛苦自己
> 的職業，他想改革，或者變換，可是自小混到現在的技能，是不能
> 放掉不幹，而且別的事情，在他的腦裡，他感覺非常的茫然，他不
> 得不再舊依服職了。〔註44〕

一九四二年呂赫若自日本返台，發表了小說〈財子壽〉，小說藉由周姓大家族中的人際關係，敘述了一段人性的鬥爭。其中，值得我們關注的是長工溪河、以及前後代下女秋香和素珠的生活。

　　長工溪河周家工作近三十年，富有正義感，但對於周家發生的一切，仍不發一語，對柔弱受欺負的玉梅並沒有實質的幫助行爲；對秋香和素珠所做的行爲也不置一詞。他想幫忙，但礙於身份，爲了這份工作，他只能乾瞪眼，無法有任何作爲。

> 看到秋香的心情愉快，溪河突然想起什麼似地，嘴裡嘟嚷著，不過
> 還是沒有說出來。似乎覺得很不耐煩，不過溪河發覺如今自己也必
> 須對這個傭人秋香客氣一點。〔註45〕

秋香是海文前任妻子的下女，和當家的海文私通，東窗事發後，秋香不能見容於太太，而被逐出家門，七年後帶著小孩回來，見到了柔弱的玉梅，她了解到她有能力作威作福，於是籠絡下女素珠，喧賓奪主的對付玉梅。七年前的秋香因爲柔弱而被趕出周家，現在她已經不同以往，她要的是權力與金錢，做爲七年來的補償。

〔註43〕見蔚然〈環境〉，《南方》第 131 期，頁 15，1941 年 6 月 1 日發行。
〔註44〕見蔚然〈環境〉，《南方》第 131 期，頁 15，1941 年 6 月 1 日發行。
〔註45〕見呂赫若的〈財子壽〉，原文爲日文，發表在《臺灣文學》二卷二號，1942
　　　年 4 月出版；中文譯本採林至潔的譯本《呂赫若小說全集》（上），頁 290，印
　　　刻出版有限公司，2006 年 3 月初版。

溪河從鎮上採購許多鮮魚、豬肉等回來時，只拿出來給海文和孩子們享用，然後就偷偷藏在櫃子裡並上鎖，供自己與小孩食用。〔註46〕

秋香會故意把剩飯都倒給豬和狗吃，然後敲打著空飯桶的底部，大聲嚷著：「已經沒有飯了，要偷吃也沒有辦法了。」〔註47〕

秋香的態度越來越惡劣，不僅急於供應飲食，還壞心腸地不提要準備雞酒的事。〔註48〕

素珠如同年輕時代秋香的翻版，原本素珠行事認份，對玉梅很恭敬，直到秋香成功的把她跟當家的海文送做堆後，她也慢慢的意識到自己的地位是有可能轉變的，對玉梅的態度也開始變化。

「阿娘（太太）。休息嘛。爲什麼故意找工作做呢？」素珠經常這麼說，頗體恤玉梅。〔註49〕

連迄今每到吃飯時刻就會來通知玉梅的素珠，不知爲什麼急於通知。〔註50〕

連素珠也不做家事。〔註51〕

事實上，此時素珠每天期待著傍晚海文來拉她進書房隔壁的寢室。

「說是夜晚自己無法照顧嬰兒，就沒有資格當母親吧。」似乎忘了玉梅是在坐月子中，素珠不知不覺以毫不在乎的口吻說。〔註52〕

素珠的遭遇宛如當年的秋香事件翻版般地重演。最後，素珠重蹈秋香的覆轍，等著媒人上門，而秋香偷得了八十圓，遠走高飛。

龍瑛宗於一九四二年九月發表了小說〈不爲人知的幸福〉，主人翁兩歲就被送到梁家當媳婦仔，受了許多勞苦，而主人翁家裡其實是中農家庭，而非生活上過不去，將主人翁送走無非是觀念上覺得養太多女兒不划算。主人翁在梁家逆來順受。原本期待行禮過門後會有比較好的生活，無奈最後還是走上了離婚的路。自然，離婚是不被男方同意的，就連自己的父親也認爲這是

〔註46〕見呂赫若的〈財子壽〉，《呂赫若小說全集》（上），頁283～284。
〔註47〕見呂赫若的〈財子壽〉，《呂赫若小說全集》（上），頁284。
〔註48〕見呂赫若的〈財子壽〉，《呂赫若小說全集》（上），頁287。
〔註49〕見呂赫若的〈財子壽〉，《呂赫若小說全集》（上），頁268。
〔註50〕見呂赫若的〈財子壽〉，《呂赫若小說全集》（上），頁284。
〔註51〕見呂赫若的〈財子壽〉，《呂赫若小說全集》（上），頁287。
〔註52〕見呂赫若的〈財子壽〉，《呂赫若小說全集》（上），頁288。

一件可恥的事，但在母親的堅持下，最後父親同意幫忙，走上了法院，主人翁雖成功爭取到自己的自由，但她也被迫把女孩留在了夫家。

> 後來，父親也同意母親替我的哀求，而爲了我的離婚到各方去奔走。可是對方提出了好多理由拒絕，不然就要求分外的贍養費。終於到法院訴訟了。這期間有複雜的交易過程，但是我只一個女人的身份，無法瞭解很多詳細的內容。總之我獲得勝訴了。但始終不答應給我我的女兒。可憐的女兒啊。將來會走上怎樣的命運呢。想起女兒，我就不由得淚流滿面……。〔註53〕

獲得自由以後，主人翁來到了台北，擔任幫傭的工作，後來她決定要學習學習西裝縫紉手藝，並且搬家。在他的新家附近遇到了她的第二任先生，兩個人心靈契合，但男子因爲自己的年紀與經濟狀況不佳而不願娶她。

> 理智地考慮考慮吧。跟這麼窮的我結婚，不會幸福。不要因一時的感情激動而誤了一生。〔註54〕

經歷過一段不幸婚姻的主人翁毅然的主動告白，追求自己的幸福，她的主動打動了男子，即便主人翁的雙親都反對這件婚事，兩人仍舊結了婚，並在主人翁的悉心照料下，男子的身體狀況日益好轉，兩人過著物質貧乏卻心靈富有的日子。龍瑛宗在小說的最末節由主人翁點出了她如何認爲自己是「人生的勝利者。」

> 然而，父母都反對這個婚姻。那麼窮又年齡的差距得像父女那麼大，以世間一般的常識判斷，生活不會幸福。但是我推拒了所有的反對，跟他結合在一起。我們拼命工作，使生活變好了一點，還有他，啊，丈夫的身體也健康起來了。第三年明章就出生了。丈夫和我都很高興。雖然是窮，生活卻很快樂。……有一件事可以自誇，那就是丈夫全心全意愛著我，是完全屬於我的，我是人生的勝利者。丈夫給了我深深的愛情而結束了清純的生命。〔註55〕

同年十月，龍瑛宗又發表了另一篇以女性爲視角的小說〈某個女人的紀錄〉，

〔註53〕 見龍瑛宗〈不爲人知的幸福〉，原文爲日文，原載《文藝台灣》4 卷 6 期，1942年 9 月 20 日。此處中譯採陳千武譯本，見《龍瑛宗全集》中文卷第二冊小說集 2，頁 32～33。
〔註54〕 見龍瑛宗〈不爲人知的幸福〉，《龍瑛宗全集》中文卷第二冊小說集 2，頁 36。
〔註55〕 見龍瑛宗〈不爲人知的幸福〉，《龍瑛宗全集》中文卷第二冊小說集 2，頁 36。

有別於一般小說的敘事模式，龍瑛宗用近似於年表的方式，以客觀的第三人稱記錄著一個女子享年五十四歲的一生。

十歲

已經是要上學的年齡了，可是，去學校是與她無緣的事。〔註56〕

表4－2－1：本省人歷年學齡兒童就學統計〔註57〕

年代	總　計			就　學			學齡兒童中每百人中就學數		
	共計	男	女	共計	男	女	平均	男	女
1938	996694	515115	481579	496514	332181	164333	49.8	64.5	34.1
1939	1040421	538604	501817	552948	361775	191173	53.1	67.2	38.1
1940	1093227	565442	527785	629392	399044	230348	57.6	70.6	43.6
1941	1104907	572458	532449	680577	421282	259295	61.6	73.6	48.7
1942	1124068	582764	541304	739856	446177	293679	65.8	76.6	54.3
1943	991952	516393	475559	707343	417542	289801	71.3	80.9	60.9

　　從表4－2－1對照台灣人學齡兒童就學率，台灣人自一九三九年起，就學率逐步超過百分之五十，而女子的每百人就學率自一九四二年起也超過百分之五十，一九四二年整體就學率也達到百分之六十五點八，這個水平可說頗高，但事實上這個數字當中仍就包含著極大的貧富差距，以龍瑛宗本篇小說筆下的女子而言，她是家中第六個女兒，去學校對他而言是無緣的，她只能去牧牛，貼補家計。十三歲，就被賣到大戶人家當名義上的養女，實際上仍舊是下女。十八歲，被主人花言巧語欺騙而失身，十九歲時隨著東窗事發後被賣給貧農為妻。二十四歲夫妻北上台北找機會，丈夫在工場工作，女子當洗衣女，月收入達到十元。

　　以一九四二年的物價，一個供膳的女婢月薪大約是二十元，〔註58〕十元

〔註56〕見龍瑛宗〈某個女人的紀錄〉，原文為日文，原刊於《台灣鐵道》第364號，1942年10月30日。此處中譯採陳千武譯本，《龍瑛宗全集》中文卷第二冊小說集2，頁43。

〔註57〕本表修改自《台灣省五十一年來統計提要》網路版，教育類表481〈歷年學齡兒童〉。（最後瀏覽2013年2月25日）

〔註58〕據《台灣省五十一年來統計提要》網路版，勞工類表301〈歷年本省人工人每日工資〉。http://twstudy.iis.sinica.edu.tw/twstatistic50/。（最後瀏覽2013年2月25日）

的收入不無小補，若加上先生的收入，生活上應該可以過得去。所以他們夫妻倆人可以送孩子上學，花了六年時間，女子三十歲時夫妻還清了所有債務。由此可以看出當時台北都會的經濟力，如同三〇年代小說中，許多農人放下鋤頭，到都市來工作，雖然很苦，失敗的人很多，但仍舊比繼續佃著地，守著農作，和其他人拼租而日益入不敷出，機會來的大些。

> 跟女兒商量了長久以來的心願，要把丈夫和兒子合葬在一起。女兒跟丈夫接洽，女婿很樂意地答應了。有個秋天晴朗的日子，舉行了撿骨，把遺骨帶回故鄉，做了個小墓。眞感謝了女婿負擔費用，跪在墓前感激地哭了一陣子。那是人生轉變激烈的悲情淚水啊。〔註59〕

小說裡女人的命運是悲情的，先生在女人三十五歲時遇到職災而殘廢，拖了兩年後爲了避免繼續拖垮家裡而選擇了自殺，又三年，女人優秀的兒子也病故，所幸因籌措丈夫醫藥費而被賣掉的女兒回來照顧母親，女人得以在人生的最後享受到幸福的平凡，平靜走完人生的最後幾年。女人對他的一生，沒有太多的怨言，他最後的願望女婿爲她完成了。

二、脫離悲情與尋求生機的勞工小說

戰爭期的勞工小說，雖說主人翁仍舊不脫悲情的基調，但偶爾也會出現激勵人心的變奏曲，龍瑛宗另一篇小說〈青雲〉，就是一篇充滿著向上精神的小說。

〈青雲〉的主人翁陳浩川理科成績優秀，又是班長，懷抱著向上的夢，但是因爲家境的關係，父親要球陳浩川放棄正規學業，成爲木匠的學徒。陳浩川心裡不肯，他選擇了向伯父求援。

> 二林的伯父立刻寄來回信，說要讓他讀書，叫他來二林。〔註60〕

陳浩川告訴了父親此事，引起了收取木匠訂金的父親勃然大怒，陳浩川不願意就此認命，只得偷溜。豈料，到了伯父家，發現一切可能都是謊言。

> 打算要讓你進入高等科，向學校申請過的，但因爲你來的遲，結果

〔註59〕 見龍瑛宗〈某個女人的紀錄〉，原文爲日文，原刊於《台灣鐵道》第364號，1942年10月30日。此處中譯採陳千武譯本，《龍瑛宗全集》中文卷第二冊小說集2，頁56。

〔註60〕 見龍瑛宗〈青雲〉，原文爲日文，原刊載於《青年之友》第125～129期，1942年11月1日～1943年3月5日；此處採葉笛的譯本，見《龍瑛宗全集》中文版小說卷2，頁61。國家臺灣文學館籌備處，2006年11月初版。

　　額滿不行了。嗯，過些時候，也許會有缺，那時就讓你入學。

　　浩川，我說啊，一出社會，學問是毫無用處的。學會一種技藝很重
　　要，一技在身就不怕沒飯吃吶。嗯，好不容易老遠來了，你就在家
　　裡學習刻印怎樣？我以爲那樣較好。再過些時日，我也教你看地理
　　的事吧。〔註61〕

伯父的話前後矛盾，明顯的有找免費工人的嫌疑，陳浩川再次受到了打擊，
無奈形勢比人強，他只有暫時隱忍，等待機會。半年後，他再次離開了。但
是，他這次下定了決心，他不打算回家，他要靠自己的力量賺錢，尋找機會；
這次，他很幸運的，找到了一個願意僱用他的農家，再經由農家的推薦，成
了會社的工友，並得到機會，轉職進入了郵局，擔任通信事務員，工資是日
薪四十錢。陳浩川開始有機會攢錢，購買書籍，開始唸書，他試著藉由唸書
找回自己學生時代對機械及理科的興趣與吸收新知，也因此，他又再次成功
的轉職，考取了汽車車掌，可惜，不久後就因爲交通事故而受傷，隨後雖然
傷癒了，會社卻也因爲經營不善而解散了。在等待就職的日子裡，大病小恙
不斷纏上他，他幾乎將積蓄花費殆盡，也欠下了債務。

　　身邊的錢少的令他不安了。那些錢不久便花光在醫藥費上，而終於
　　不得不借錢。病痊癒後，因爲以前借貸搞得赤貧。沒有飯錢就只喝
　　水，渾身變的慵懶無力。〔註62〕

所幸天無絕人之路，他成功在員林街上找到了新的車掌職務，並且在所長的
賞識下，努力的吸收著所長吉川所交給他的機械理論與駕駛操作實務，終於
在二十歲時初具應考資格時就一次考取駕駛員資格，薪水也從二十元一躍成
爲六十五元，在當時，這是相當好的待遇了，但他不因此而滿足，他渴望成
爲一個技術家或發明家。

　　經濟上一寬裕，陳浩川就買機械學、工學、電器學等書籍，開始用
　　功了……三年之間，陳浩川認眞工作。……司機是相當辛苦的勞動，
　　所以無法如願學習。陳浩川變得每天都希望能想個辦法安靜下來，
　　更進一步學習機械。陳浩川終於下定決心辭掉司機，回到二林，開
　　了一家小鐵工廠。〔註63〕

〔註61〕見龍瑛宗〈青雲〉，葉笛譯，《龍瑛宗全集》中文版小說卷2，頁62。
〔註62〕見龍瑛宗〈青雲〉，葉笛譯，《龍瑛宗全集》中文版小說卷2，頁70。
〔註63〕見龍瑛宗〈青雲〉，葉笛譯，《龍瑛宗全集》中文版小說卷2，頁71。

學方知不足，在開發抽水機失敗後，陳浩川決定前往東京學習，在半工半讀的情況下，思索著未來的方向。適逢中日戰爭爆發，他認爲未來汽油將會限制配給，他決定要開發新的木炭車。但這個研究方向在日本已經有人做了，他也找不到贊助者，最後，他決定回故鄉台灣尋求贊助。

> 因爲在鄉下，不曾敏銳地接觸時代的浪濤，也不知道木炭汽車會成爲時代的寵兒。而且怎能輕易相信一個青年的話呢？負責人冷酷的拒絕了陳浩川關於共同經營木炭瓦斯發生爐的提議。不過，陳浩川在那以後依然不斷去拜訪，解說木炭瓦斯發生爐所製造的利益，所以負責人也覺得可憐，給他介紹相識的資產家。〔註64〕

陳浩川說服資本家投資，他花了半年多時間研究，雖然第一次公開實驗失敗了，也失去了贊助，但也讓他找出失敗的原因是因爲台灣炭質和日本不同。爲了完成夢想，他只得變賣家產，並向高利貸借錢，也曾在實驗中受到重傷，最後終於成功的開發出台灣可用的改良式木炭車。

　　這篇小說中，陳浩川幾經挫折，家庭的不支持，幾度轉職，從一天四十錢的雜工，到一個月二十元的車掌，最後成爲一個月六十五元薪水的司機，但他仍舊不滿足現狀，堅持著朝向他自己希望成爲發明家的夢想前進，甚至將所有資本賠入，還被迫去借了高利貸，最終才成功完成了他的改良式木炭車。通篇都充滿著希望的文字，和這時期的其他勞工小說「適應並接受環境」的特性，可說是迥然不同。

　　楊逵於一九四二年十月，應編輯植田之邀稿，在《台灣日報》上發表了〈鵝媽媽出嫁〉〔註65〕，小說中的主軸有兩線，分別是花農和好友林文欽，花農代表著楊逵自身，而林文欽則有如他的日籍好友入田春彥。〔註66〕小說中花農暫時放棄了日本所學的藝術，靠著種花來營生，突然接到了官方的大生意，心裡非常的高興。

〔註64〕見龍瑛宗〈青雲〉，葉笛譯，《龍瑛宗全集》中文版小說卷2，頁78。

〔註65〕本篇小說原名〈鵞鳥の嫁入〉，日文版第一次發表於《臺灣時報》第二七四號，一九四二年十月。因本篇小說戰後有不同版本發表，本文討論則採《楊逵全集》第5卷小說卷Ⅱ，中葉笛與清水賢一郎的中文譯本。國立文化資產保存研究中心出版，1999年6月初版。

〔註66〕入田春彥原是台中州巡查，是個人道主義者。但因同情台灣人民，寫文章揭露警界黑暗，並與左翼傾向的楊逵往來，被當局認爲思想左傾偏激而遭免職驅離回日本。入田悲憤失望，遂於1938年上吊自殺表達抗議。入田死後，遺言後事全由楊逵夫婦處理。

> 早就說要來的 XX 醫院的院長，帶著總務到花圃來了。是為著要在
> 醫院種兩百棵龍柏而來的。……四尺高的每株七十錢，三天以內送
> 到醫院去……這次的交易於是成交了。本錢一株五十錢，二百株可
> 賺二千圓，挖掘、運費和種植的工錢估計約十圓，扣除了，最少還
> 有二十圓左右的純利，這大致是不錯的。〔註67〕

生意上的公事談完，院長開始要求一些回饋，而這回饋卻也讓小本經營的花
農頗感吃力，於是，在幾經盤算下，他思索著如何委婉拒絕院長的要求，以
免他所預估的淨利，就因為院長所要求的回饋給抵銷殆盡，甚至有賠本的可
能性。

> 院長的品味真是高，再三告訴我，他喜歡花，也喜歡養花，大岩洞
> 草啦，仙客來啦，菊花啦，大理花啦，如此要這個又要那個，真叫
> 我為難。第一個問題是，我並非為了消遣養花，由於賣了龍柏已經
> 賺了二十圓左右，送他相當於三圓、五圓的贈品還可以。可是，院
> 長想要，而我已經答應送他的，已經把可以賺到的二十圓抵銷了。
> 〔註68〕

最後，院長要了一盆高價的榕樹盆景時，花農實在無法忍受虧損，只得提出
了原價折讓的方式，而一聽到要錢，院長就立刻轉移了話題焦點，這也證明
了院長從一開始就只是想白拿，與欣賞花無關。

> 因此院長又說想要那一盆榕樹盆景時，我的不愉快就無法掩飾了。
> 「好的，讓給你吧。我也出租盆景，這一盆榕樹是為要出租買來的。
> 原價是六圓，照本讓給你好了。」我說道。無論如何，這個再也不
> 能白送給他了。要是送了，別說賺錢，簡直是賠本。
> 「唔，六圓嗎？還便宜。不過，太重了不好拿……下次再拿好了。」
> 〔註69〕

不久後，花農四處向同業調集醫院所訂購的樹種，還因為價格上漲而接受虧
損，好不容易將數種送到了醫院，並完成種植的工作。沒想到，接下來竟然
遇到了醫院的百般刁難而遲遲不肯付錢，醫院的態度讓花農百思不得其解。
花農百般無奈，只得忍氣吞聲的接受院方的數落。最後，花農只得直接跟院

〔註67〕　見楊逵〈鵝媽媽出嫁〉，《楊逵全集》第 5 卷小說卷 II，頁 387。
〔註68〕　見楊逵〈鵝媽媽出嫁〉，《楊逵全集》第 5 卷小說卷 II，頁 389～390。
〔註69〕　見楊逵〈鵝媽媽出嫁〉，《楊逵全集》第 5 卷小說卷 II，頁 390。

長攤牌，甚至自己將價格往下殺，只希望能早日拿回一些貨款，賺賠已不重要，只要讓他能對同業有所交代。只是，仍舊得不到院長的肯定答覆。

> 交貨時院長不是親自出來檢交的嗎？有什麼不對，跟樣品不同也好，比市價貴也好，該那個時候說，怎麼能到現在才提起？
>
> 你呀，你怎能怨懟我呢？那個時候說不對當然也可以，可是既然你把樹都送來了，要是那個時候，我說不對，讓你拿回去的話，你不是很麻煩嗎？我是同情你才這樣做的，你竟怨言連篇……況且我以爲你是懂事的……〔註70〕

院長說的明白「我以爲你是懂事的……」，花農仍舊不懂箇中要領，只得求助於同業，同業問清事情原委，立刻就瞭解所謂的「懂事」之意，於是拍胸脯保證可以幫忙代收，並且價錢一毛都不會少，只要他肯讓出院長要的那隻母鵝。花農無奈，只得犧牲掉小孩最喜歡的母鵝，讓同業帶去送給院長。

> 見到了院長，種苗園老板先說已經替他找到了鵝子新娘，已經送到他家裏。鵝子的新郎新婦都和睦相親，樂得什麼似的……如此一說，院長的態度立刻改變。變成了一個既可靠又可愛的好好先生。
>
> 「唔，真的，那太謝謝你啦！」……隨即叫我們馬上到會計那裏去拿錢。在等待的短短的時間裏，，他也吩咐護士泡茶。而到會計拿錢時，更叫我大吃一驚的是，拿到了錢一看，不是按照一株五十五錢算，而是每株照舊帳單給了七十錢。〔註71〕

花農對院長前後大相逕庭的態度深感詫異，雖慶幸自己拿到了貨款，但不免有著深刻的悲哀，對照著林文欽一家因爲相信「共榮經濟」的理念，由最初的家財萬貫漸漸演變至破產，而花農卻因不懂得生意往來上應當遵守的「共存共榮」而被百般刁難，最後做到對方心裏要求，才順利的完成生意。而生意上這虛僞的「共存共榮」，到底是誰得到了好處？小說最後以花農家中失去母鵝後的場景做爲結尾，呈現出了一種無言的抗議。

> 孩子們也都下課回來了。照常把鵝子趕到草地上吃草，雖然也是照常趴在草地上看他們吃草，可是，卻消失了從前的天真活潑，顯得寂寞悲傷。失了老伴的鵝子，時而伸長著脖子，左尋右覓，一面走

〔註70〕見楊逵〈鵝媽媽出嫁〉，《楊逵全集》第5卷小說卷II，頁394。
〔註71〕見楊逵〈鵝媽媽出嫁〉，《楊逵全集》第5卷小說卷II，頁397～398。

一面嘎嘎叫。「老伴呀！你到那兒去了？」好像是這樣叫著尋覓他的
老伴似的。〔註72〕

楊逵這篇小說，無言中卻包含著濃濃的諷刺意味，原本幾篇小說預定在一九四
四年集結成書出版，卻被官方查禁，楊逵這篇小說直到一九七四年一月中譯版
刊出時，修改了一些文字，當年想寫又不能寫的結尾，才能暢快的寫出來。

「怎麼樣？他所要的都給他好了。這樣的話，就是每株開一圓，甚
至一圓五十錢的價錢，他也絕不會說貴的。你要記住，這是公立醫
院，貴不貴對他自己的荷包毫無關係。可是，送他不送他，那就大
有影響啦。……這就是共榮共存。」大東亞戰爭，就以「共存共榮」
爲榜樣，連這位鄉下人也學會這一套。〔註73〕

戰爭期的台灣小說家們，胸有千言，卻也只能欲言又止，小說筆下的勞動者，
順應環境生活，接受壓迫與剝削，尋求著能夠溫飽的生存之道。正彷彿和那
個時代的台灣人一般，有苦難言，若不願成爲帝國皇民，就只能成爲一個無
聲的民眾。

第三節　戰爭末期臺灣新文學小說中的勞工面相
——以《決戰台灣小說集》爲中心

一、《決戰台灣小說集》產生的時代背景

在大東亞戰爭日趨激烈下，台灣本島內對除了力推皇民化之外，言論的
管制也逐漸的加強。一九四三年年十一月十三日。臺灣文學奉公會在總督府
情報課、皇民奉公會中央本部、日本文學報國會的後援之下，於台北市公會
堂裡召開了「台灣決戰文學會議」。在「台灣決戰文學會議」中，受邀參加的
台灣作家有張文環、龍瑛宗、楊逵、黃得時等人，會議一開始主持人便宣示
了會議的目的。

〔註72〕見楊逵〈鵝媽媽出嫁〉，《楊逵全集》第5卷小說卷II，頁398。
〔註73〕楊逵於戰後1946年於三省堂出版《鵞鳥の嫁入》，內容和1942年《台灣日報》
　　　　版本的內容有著一些文字修飾上的不同，楊逵在1966年時中譯所根據的版本
　　　　比較接近於三省堂版，此中譯版於1974年1月首次刊登在《中外文學》第二
　　　　卷第八期，後收入於《楊逵全集》第5卷小說卷II中，列爲附錄版。本段文
　　　　字見頁427。

……今日的文學不像過去那樣是文學者個人感情的反芻。必須回應國家至上的命令來從事創造的活動。……台灣必須依循絕對強韌且純粹無雜的日本精神來產生新的皇民文學。藉著文學的力量來鼓舞激勵邁向兵道的本島青年。以文學爲武器，宣揚在大東亞戰爭中要戰鬥到最後一兵一卒的必勝信念，這才是諸君責無旁貸的任務。

〔註74〕

會中確認了以「確立本島文學決戰體制及文學家對戰爭的協力」爲中心的主旨，而日本作家群以西川滿爲首，更大聲宣誓要將自己的雜誌《文藝台灣》獻給奉公會，隨後，在情勢比人強的情況下，張文環也被迫將《臺灣文學》奉獻出來，兩刊合併後的《臺灣文學》，就成爲了「臺灣文學奉公會」的機關誌了。葉石濤在戰後曾回憶起當時的情況而說過：「這個時期的作品沒有良好的土壤，因此是蒼白的枯萎的作品，都不能表示台灣人民真正的悲喜哀樂，亦不能比較過去光耀的白話文作品，更沒有抒事詩風的偉大現實性，祇是一些營養不充足的消極的寫實主義，或爲亞熱帶風土主宰的浪漫的作品。」

〔註75〕

　　一九四四年四月，總督府將台灣較具規模的 6 家報紙《興南新聞》、《台灣日日新報》（台北）、《台灣新聞》（台中）、《台灣日報》（台南）、《東台灣新聞》（花蓮）、《高雄新報》（高雄）合併爲《台灣新報》。至此，在主要報紙與雜誌都被官方控制之下，台灣知識份子主要的發表舞台已經消失，只能各自在各行各業的期刊中尋找著僅存的文藝版面進行發表。

　　一九三一年的大掃盪，台灣的文學家們修正了他們作品的尺度，並自《臺灣民報》外另闢舞台，一九三七年漢文欄的廢止，迫使了新文學的漢文作家們退出臺灣新文學舞台的中心，徒留日文作家們撐起了臺灣新文學的大旗。一九四三年至一九四四年間的《臺灣文學》停刊與六大報併刊則是文藝箝制與言論尺度的再一次緊縮，臺灣新文學作家們除了加入臺灣文學奉公會接受官方收編外，幾乎只剩下退出主流文學舞台一途。

　　一九四四年底，爲了加強對大東亞戰爭的宣導，台灣總督府情報課依據

〔註74〕 見龍瑛宗《文藝台灣〉與《臺灣文藝臺灣文藝〉》，原載《台灣近代史研究》第三期，一九八一年一月卅日，林至潔譯，轉引自台灣客家文學館網站，http://cls.hs.yzu.edu.tw/hakka/author/long_ying_zong/long_composition/long_onlin/essay/essay_a06.htm。（最後瀏覽 2013 年 3 月 12 日）

〔註75〕 引自莊永明《台灣紀事（下）》，頁 950，時報出版，1989 年 10 月初版。

「文學協力戰爭」的想法，經由臺灣文學奉公會的操作，強請文壇名家到台灣各地的礦場、工場、農場、軍事設施參觀，並將所見所聞撰寫成作品發表。為了避免他們寫不出官方所要的文字，台灣總督府情報課甚至為他們開課講解撰寫的主題及如何取材。

> 不要只淪為探討記事，要徹底成為一篇文學作品，啟發本島文學的動向。〔註76〕

此時的台灣各地，已經為了「總體戰」而開始了全島性的產業動員，而這些作家們下鄉，一方面看重他們在文化界的影響力，一方面也是為了報導並鼓舞各地的努力增產的勞工們，因此這些作品都先在如《台灣時報》、《旬刊台新》、《新建設》等各個刊物中的「現地報告」專欄中先刊出，隨後再將這些作品彙編成《決戰台灣小說集》乾卷與坤卷兩冊，這套《決戰台灣小說集》可說是集日本統治台灣最後兩年的臺灣新文學之大成，是以筆者將這套書作為探討日治時期最後兩年臺灣新文學中勞工文學發展的原因，但是，說是發展，此時的勞工文學書寫，也已經完全有別於一九三七年以前勞工文學的左翼中心思想，而是不折不扣報喜少報憂的愛國勞工文學。

表4－2－2：《決戰台灣小說集》中作家派遣地與作品一覽表

派遣地	作　品	發表刊物	作　者	收　錄
台中州下謝慶農場	風頭水尾	台灣時報	呂赫若	坤卷
太平山	雲の中	臺灣文藝臺灣文藝	張文環	乾卷
高雄海兵團	若い海	旬刊台新	龍瑛宗	乾卷
台灣纖維工場及鐵道	鐵道詩抄（詩）	臺灣文藝臺灣文藝	楊雲萍	坤卷
石底炭礦	增產の蔭に	臺灣文藝臺灣文藝	楊逵	坤卷
金瓜石礦山	若安全に	臺灣文藝臺灣文藝	高山凡石	乾卷
台南州下斗六國民道場	助教	台灣時報	周金波	坤卷

〔註76〕原文為日文，見矢野峰人〈作家の動員，その門出を祝して〉，《台灣新報》1944年6月14日4版，譯文轉引自李文卿〈穿越皇民化運動時期的動員表象《決戰台灣小說集》編輯結構析探〉，《臺灣文學學報》第三期，頁190，2002年12月。

派遣地	作品	發表刊物	作者	收錄
日本アルミニウム工場	爐番	台灣時報	濱田隼雄	乾卷
石底炭礦 台灣船渠 斗六國民道場	石炭（詩） 船渠（詩） 道場（詩）	台灣新報 旬刊台新 臺灣文藝臺灣文藝	西川滿	乾卷
公用地	築城の抄	台灣藝術	吉村敏	乾卷
油田地帶	鑿井工	臺灣文藝臺灣文藝	河野慶彥	乾卷
鐵道部各機關	幾山河	旬刊台新	西川滿	坤卷
太平山及公用地	山林詩集（詩）	臺灣文藝臺灣文藝	長崎浩	坤卷
台灣船渠工場	船渠	臺灣文藝臺灣文藝	新垣宏一	坤卷

《決戰台灣小說集》共計有十六篇作品，從表 4-2-2 可以得知，台灣人作家有七人，共發表了七篇作品，而日本人作家六人則有九篇作品。這種編排與選取的方式，箇中蘊含著相當程度「內台一家」的宣示意味。李文卿認為在這套小說中被邀請的作家，日本人當然是抱持著呼應國策協力戰爭的心態來積極參與，但台灣作家如楊逵、呂赫若等人卻是採取迂迴的方式寫出台灣的民風人情，為了發言權的取得以及避免不必要的困擾，不得已而有這樣的書寫策略。〔註77〕李文卿碩士論文《殖民地作家書寫策略研究──以皇民化運動時期《決戰台灣小說集》為中心》的先行研究著重在日本作家與台灣作家對於本書編輯的參與心態以及寫作技巧，筆者對此不再贅述，而以小說中勞工的勞動場景書寫為探討中心。

若以題材來分，小說有十一篇作品，而詩的部分則有五篇。其中，台灣作家七人中比較受到關注的就是曾經創辦過新文學雜誌的楊逵、張文環、以及得過「臺灣文學賞」的呂赫若。

二、《決戰台灣小說集》中本島籍作家小說創作中的勞動描寫

受命派往各地的作家，目的是為了進行勞動參訪並且寫出能夠激勵民心

〔註77〕見李文卿碩論《殖民地作家書寫策略研究──以皇民化運動時期《決戰台灣小說集》為中心》，頁9。

的報導小說作品，此時正值戰爭進入末期，日軍逐漸失利的階段，對於如何維持民心士氣之不墜，有著強烈的需求。

　　楊逵被分派到平溪地區的石底炭礦參訪，楊逵一早便到達現場，說明了探訪的來意，也得到了大家的歡迎，楊逵在小說的一開頭，便點出了工作環境的危險。

> 我想著在這所煤礦礦坑進出的 XX 餘人的性命，就靠那位「捲方」，
> 憑一根鋼索操縱著的現實，另一方面也在這位年輕的勞動者臉上，
> 看到閻王的尊嚴。把人們打入地獄，送上天堂的閻羅殿，想必就是
> 如此吧。〔註78〕

楊逵遇到了熟人張君跟另一位剛交班的老礦工佐藤，佐藤約他一起喝酒，這引起了他的好奇。

> 你倒是想把我怎麼嘛！咱們來一杯。
>
> 一早起就喝嗎？在我，夜晚才要開始呢。
>
> 對呀，你是上夜班的啊。是有甚麼佳餚嗎？
>
> 沒有，甚麼也沒有！〔註79〕

為了增產，礦場日夜輪班不休息，雖然楊逵到的時候是大白天，但對上夜班的礦工佐藤而言，那是屬於他下班後夜晚生活的開始。雖說是邀約喝酒，但在戰爭時期，其實是配給不到什麼下酒菜的，所以有酒喝就不錯了，至於佳餚部分是甚麼也沒有的。

　　三人聊到了戲劇，提及最近皇民奉公會下的藝能奉公隊獎勵創作與演出，但礦工們的作品「模範礦工」演出申請卻被指導單位給否決了。

> 是甚麼緣故呢？
>
> 這個，我也不清楚。
>
> 是不是因為因為認為這麼一個嚴重的時代，
>
> 演甚麼戲嘛，才被禁的？
>
> ……會不會是內容不妥當呢？〔註80〕

〔註78〕見楊逵〈增產之背後——老丑角的故事〉，《楊逵全集》第 8 卷小說卷Ⅴ，頁
　　　50。國立文化資產保存籌備處，2000 年 12 月初版。原文為日文，本節
　　　中關於這篇小說的引文皆採鍾肇政的中譯版本。

〔註79〕見楊逵〈增產之背後——老丑角的故事〉，《楊逵全集》第 8 卷小說卷Ⅴ，頁
　　　59。

這是一篇有著「公務需求」的小說創作，但楊逵仍舊不改本色，將皇民奉公會控制言論的事情照實的寫了出來。

佐藤家的下女金蘭，因爲感情好，所以成爲了他名義上的養女，十五歲時還完全沒受過教育，不會說國語的她，現在十九歲，可以看報紙、讀小說，而在佐藤身邊的張君國語也比當初在楊逵身邊工作時流利許多，楊逵深刻的感受到日語已經逐漸成爲普遍語了。

一九四四年戰況已經非常的緊張，物資配給也吃緊，平溪山區多雨，屋頂有修繕的需要，但是很明顯的，他們已經很難拿到物資。

> 這些屋子都是柏油紙屋頂，如果有了破洞，非有柏油便無法修好，
>
> 可是最近都買不到柏油，公司方面也很是苦惱。〔註81〕

情報課要的文章是要報導產業增產狀況並且能激勵勞工的文章，所以也安排了楊逵自己親身進入礦坑裡參觀，楊逵雖然在出發前便做了功課，也得到了許多人的提醒，但眞的進入礦坑後，還是跌跌撞撞，一次次的出醜，他只能自嘲的說自己「叫社長和所長笑話不斷。」對於礦坑裡的環境，他將所看到的部分清楚的描繪了下來。

> 我們從五坑下去，沿所謂的「銀座大道」重回原先的地點。來到女
> 性推車員拼命幹活的地方下車，進入橫坑，這橫坑有好幾道，有「東
> 卸」「西卸」等名稱。前行約一百米，可以看到忽然變窄的陡坑。我
> 們通常只說陡急，所長卻說出一個具體的數目：傾斜三十度，深三
> 千三百餘尺。有鐵軌、纜車的捲場在上頭，模糊可見。社長和所長
> 賣出了穩當的步子，向上頭走去。我不能輸，緊跟在後。驀地裏，
> 腳下砂石崩落了。嘎啦嘎啦……往三千三百餘尺深的地底滾落。轟
> 然迴響四起。回過頭看了看，心口一沈。彷彿這是長達三千三百餘
> 尺長的怪獸食道，就要把我一口吞噬下去似地，雙腳陡然猛顫起來。
> 救命啊……幾乎喊出來，好不容易才把這叫喊吞回肚子裏。〔註82〕

社長和所長的專業，和對礦坑的瞭若指掌，對比楊逵的強自鎭定，有著明顯

〔註80〕 見楊逵〈增產之背後──老丑角的故事〉，《楊逵全集》第 8 卷小說卷Ⅴ，頁
60～61。

〔註81〕 見楊逵〈增產之背後──老丑角的故事〉，《楊逵全集》第 8 卷小說卷Ⅴ，頁
69。

〔註82〕 見楊逵〈增產之背後──老丑角的故事〉，《楊逵全集》第 8 卷小說卷Ⅴ，頁
73。

的差別。楊逵摔了，也撞了，親身體驗到了礦坑裡的勞動，甚至遇到了小礦
災而被大家給抬出礦坑，對這群爲國增產的勞動戰士們也益加尊敬。

> 煤的增產是國家的需要，真正的意識到這一點，多採一片煤，不用
> 說是非常重要的事。……他決定留下來、不管是由於所長、老人抑
> 或金蘭小姐，總之那種跟隨美的東西，寧願讓自己躍入危險境地，
> 這種純粹的心情，該是美麗的日本精神之萌芽吧。〔註83〕

楊逵完成採訪任務離開不久後，礦坑發生礦災，張君在和大家一起協力救災
後來信告知此事，並且告知楊逵他決定改變離開的心意，繼續留在礦坑裡盡
一份力，楊逵小說最後以「美麗的日本精神」爲張君的行爲作結，也算是完
成了情報課所要求的任務。

　　同樣被派到礦場的陳火泉，在參觀金瓜石礦場後，完成了小說〈若安全
に〉，在礦坑裡，互助與互信是安全的重要基礎，即使大家來自各地，動機不
同，最後也在這裡一起爲增產而奮鬥，這讓陳火泉非常感動。

> 啊！這種祈求，這種互相祈求平安的戰友之愛，這種心情！這種心
> 情！〔註84〕

同樣參觀礦場，陳火泉的文字明顯和楊逵有很大的差異性，陳火泉一九〇七
年出生，幼時雖進入私塾念過書，但隨著書房被總督府打壓，陳火泉開始進
入公學校接受日本式教育，其後他進入了台北工業專門學校就讀，求學生涯
算是順遂，而完整的接受了日本教育，使他覺得自己本身就是一個日本人，
如同他在成名作〈道〉裡所表達出來的苦惱之情，他所苦惱的不是日本對於
日台間不同待遇的不平，而是他爲什麼沒辦法成爲真正的日本人。對於總督
府的邀約去進行報導採訪，他無疑地認爲這是一個機會，這可以從他的文字
中隱約看到。

> 那裡的事業啊，該怎麼述說那個職場呢？因爲要成爲勤勞統帥組織
> 而產生的職場，我覺得那個職場本身就是一個戰場。〔註85〕

〔註83〕見楊逵〈增產之背後——老丑角的故事〉，《楊逵全集》8，頁87。
〔註84〕見陳火泉〈若安全に〉，《決戰台灣小說集（乾之卷）》，總督府情報課編，台
　　　灣出版文化株式會社發行，1944年12月30日出版，頁83。中文引文引自李
　　　文卿《殖民地作家書寫策略研究——以皇民化運動時期《決戰台灣小說集》
　　　爲中心》，頁107。
〔註85〕原文乃他在「從軍作家座談會」上發言，記錄在《台灣新報》1944年7月16
　　　日，譯文採李文卿譯文。

陳火泉在〈若安全に〉中所流露出的「勤行奉公」信念，對於大環境，他有著堅定的支持信念。對此，李文卿曾如此分析過：

> 陳火泉在此篇報導作品急欲展現兩個信念，一爲「勤行奉公」的迫切性，他以「燃燒的愛國之心」，「堅決地走向奉公之路」爲號召，另一個信念則爲「內台合一」的營造，在陳火泉筆下，這些礦工們來自生活無奈的一面被消解了，呈現出的是團員和礦工們相處的融洽。在小說裡，他對於這種新的台灣風氣感到非常的欣喜，他認爲本島的居民這幾年由不知道打招呼爲何的人種，蛻變成互相問候的有禮之人，著實具有相當大的改變。〔註86〕

楊逵採取了較多的寫實手法去紀錄他所看到的景象，而陳火泉則是將他所看到的景象用美麗的文字雕琢出來，歸功於大家戮力奉公的展現。這可能是陳火泉在職場上的不得志，所以力求表現的緣故吧。

和陳火泉同樣有著希望和日本人平起平坐願望的周金波，在他的小說〈助教〉裡也有著同樣的體悟。周金波前往的是斗六的國民道場，這是一個鍛鍊精神的研修地，他筆下的主人翁蓮本是一個中學畢業生，同時也是該期的模範修業生，蓮本原本結訓後要努力準備考醫專，但因爲體檢沒過而失去資格，恰巧隊部裡的山本教官推薦蓮本充任助教工作，也鼓勵他在這裡繼續鍛鍊體魄，蓮本最後決定接受山本教官的推薦擔任助教的工作。

> 實施徵兵對策後的郡公所當局的馬力更是驚人的。一年十二萬的預算，副屬的國民道場的場的也已經選定，名符其實的強大陣容在短暫期間內完成，就是說能造就更多的優秀軍人，只要是適齡者，即使是體力衰弱的兵役適齡者也全部必須訓練，每期一百名作單位，順次訓練，在一個月內大概可以達成目標……國民學校畢業者是一部生，日語講習所修了者是二部生，日語不懂的是三部生。〔註87〕

周金波介紹了當時國民道場的制度狀況，並且說明了分部標準，根據的是「日語的熟練度」。道場的目的除了鍛鍊身體，更重要的是要鍛鍊心智，使台灣人

〔註86〕 見李文卿碩論《殖民地作家書寫策略研究──以皇民化運動時期《決戰台灣小說集》爲中心》，頁107。

〔註87〕 見周金波〈助教〉，原刊於1944年9月20日的《台灣日報》296，中文譯文引自《周金波集》內周嫋淑譯本，頁128～129。前衛出版社，2002年10月初版。

都能成爲堂堂正正的「皇民」，他在小說裡藉由一封三部生的家書表達了這個概念。

> 哥哥！我現在很健康而且努力用功，哥哥也在軍隊裡拚力努力嗎？
> 村裏的人都說哥哥將來一定很了不起，我們村里兵役適齡者共有十
> 二人，大家都說你一定可以當有名譽的軍人，哥哥！最近母親生了
> 病，但是我會孝順母親，連哥的份也會做，請放心。〔註88〕

隊部對這封信十分嘉許，具有十足的奉公精神，甚至讓另一位助教去查那位三部生的家中狀況，考慮讓他放「榮譽假」好回家省親。而道場裏嚴禁講台語，要將部生們訓練成標準的皇民，如同小說裡山本教官所強調的「栽培日本人的素養，努力於禮儀的教養。」〔註89〕這是道場最重要的責任。對照周金波的另一篇成名作〈志願兵〉，周金波對於有機會能成爲眞正日本人的自豪自是不言而喻。周金波自小在日本生活，四歲返台，十四歲又去東京，相較於其他台灣作家，他在日本待的時間長，受的也是純正的日本教育，對於成爲日本人的渴望，比起其他台灣作家而言，更加強烈。對比其他作家在戰後反日氛圍下紛紛表態自己是被迫害的作家，是委曲求全的生活；周金波則是不改本色的堅持自己的立場。

> 東京震災後，我被帶回台灣時才四歲，只懂幾句日語，十四歲時重
> 返東京，必須再學習日語，隨著日語的精進，台語也就慢慢地淡忘
> 了。因此，我和台灣社會一直有段距離；即便有接點，也不緊密，
> 無法看出眞實的一面。〔註90〕

同樣描寫台灣人受訓的還有龍瑛宗的〈若い海〉，龍瑛宗被派往高雄的海兵團，這是訓練海軍特志願兵的地方，小說標題是「年輕的海」〔註91〕，象徵著年輕的台灣人即將投向未知的海洋參與戰爭，正如同他在小說裡描寫的訓練畫面：「一支一支槳蘊含著海的年輕人的力量，渾然成爲一個大力量，燃燒著要征服海洋的意志。」〔註92〕

〔註88〕 見周金波〈助教〉，周嬪淑譯，《周金波集》，頁133。
〔註89〕 見周金波〈助教〉，周嬪淑譯，《周金波集》，頁140。
〔註90〕 見周金波述，邱振瑞譯〈周金波特輯：我走過的道路——文學·戲劇·電影〉，《文學台灣》第23期，頁200，1977年7月號。
〔註91〕 據《龍瑛宗全集》中文卷小說集（2）的譯法，葉笛譯。
〔註92〕 見龍瑛宗〈若い海〉，原刊於《旬刊台新》一卷三期，1944年8月10日，本文採《龍瑛宗全集》中文卷小說集（2），葉笛〈年輕的海〉譯本，頁128。國家臺灣文學館籌備處出版，2006年11月初版。

　　龍瑛宗筆下的場景是第一批海軍特別志願兵的訓練，在文章裡訓練是精實的，主人翁森川對於能在眾多志願者中脱穎而出，深感責任重大，在即將結訓退團時，團部給予他們外出休假，他們穿著第二軍服，在路上，受到了許多關注的目光，連孩子都跟在他們後頭喊著「水兵、水兵。」他們進了冰果室吃東西，討論著他們的未來。

> 昨天我家裡寄東西來了。你以爲那是甚麼？是部落有志一同寄來的
> 千人針，我看著看著武運長久的文字，眼睛就熱起來了。

> 我母親也來了信。總之，過了五十，眼睛不好的母親，每晚都熱心
> 地上國語講習所，用剛學習的片假名寫著：家人都很健康的在工
> 作。……她就是用這樣笨拙的文筆寫來的。

> 總之，咱互相好好兒幹吧。〔註93〕

兩位志願兵談著自己的未來與責任，不愼忘了控制自己的花費，導致錢不足支付花費，一位不認識的客人代他們支付了不足的部分，這更讓他們兩個人對自己身上的制服有了一份責任，他們自我期許著。

> 「不見鞭影就跑的馬叫做駿馬。我們要恆爲駿馬！」

> 對，我們非成爲駿馬不可。我們嘗試做爲本島青年的力量。〔註94〕

龍瑛宗在小説的最後藉由兩個年輕的志願兵對自己立下的期許，希望能成爲本島青年的力量作結，完成了官方交付的使命。

　　張文環則是被派到宜蘭的太平山上的林場去採訪伐木工，寫下了小説〈雲の中〉，取名「在雲中」就是源自於小説中主角伐木工鄭水來之妻阿秀，搭乘高空索道車，發覺自己身楚在雲端有感而命名。

　　鄭水來在太平山上林場擔任伐木工，妻子阿秀和孩子則是住在山下，爲了避免鄭水來奔波，私心也爲了節省鄭水來下山時揮霍的開銷，向鄭水來提議她和孩子要一起上山來陪他，在鄭水來的同意下，就上了山。

> 千年的巨木倒下的姿影是極悲壯的。爲了人類或國家的犧牲，那種
> 尊嚴的感受以及神聖的使命感打動人的心。〔註95〕

〔註93〕　見龍瑛宗〈年輕的海〉，葉笛譯，《龍瑛宗全集》中文卷小説集（2），頁136。
〔註94〕　見龍瑛宗〈年輕的海〉，葉笛譯，《龍瑛宗全集》中文卷小説集（2），頁137。
〔註95〕　見張文環〈在雲中〉，賴汝譯，陳萬益主編《張文環全集》8，頁179。台中縣
　　　　　立文化中心，2002年3月初版。原文爲日文，刊於《臺灣文藝臺灣文藝》一
　　　　　卷五號，1944年11月出版。

阿秀滿懷希望的上山，山上的生活除了因爲戰時使得物資取得稍微有些不便之外，對她而言，已經比她原先想像中的還要熱鬧，而丈夫伐木所代表著增產的神聖使命也讓她有著感動的心情。

如同楊逵是被動員而寫下〈增產之背後——老丑角的故事〉，張文環這篇〈在雲中〉也是一篇動員作品，爲了採訪戰時生活，甚至爲了歌頌物資增產對戰爭的重要性，張文環在小說中，寫下了連結戰爭的文字。

> 聽到在雲中的世界與遙遠的太平洋上戰鬥的軍艦有密接的連環關
> 係，不無覺得壯觀。〔註96〕

如同此時日本實施了號稱讓台灣人有了和日本人一樣爲帝國出征的權利的志願兵制度一般，張文環以阿秀誓言立志成爲男人們出征的後盾，作爲了小說的尾聲。在這篇小說中，工人們沒有被壓迫，也沒有悲情，有的，只是爲帝國奉獻的情操，以及對未來的期待。在戰爭的末期，這樣的小說，已經看不到爲勞工發聲的痕跡，成爲了一篇爲官方護航性十足的皇民小說。日頭赤炎炎，文學家們也著實不得不低頭。

> 那些細小的行動變成龐大的力量。像水來也是那樣一隻螞蟻，而自
> 己也是一隻螞蟻而已。因此像螞蟻一樣微小的憂慮都沒有用。不要
> 掛慮也好。投入國家的大行動，任其行動就可。阿秀決議不再嫉妒
> 了。即使丈夫不在，即使自己成了炊飯婦，也要把這個女孩子養育
> 成爲有出息的女人。〔註97〕

呂赫若則被送到台中州的謝慶農場去參訪，那是一個所謂的「風頭水尾」〔註98〕地，呂赫若便以這個惡劣的地形氣候之名，作爲他這篇小說的名稱。如同他小說開頭所形容的「在這裡開墾，就是和風、鹽、水、作鬥爭。」

> 風頭水尾的這塊土地，不單是要和風作戰、和水作戰、也必須和鹽
> 分作戰，否則作物的成長就無望。〔註99〕

〔註96〕見張文環〈在雲中〉，賴淡譯，陳萬益主編《張文環全集》8，頁179。
〔註97〕見張文環〈在雲中〉，賴淡譯，陳萬益主編《張文環全集》8，頁179。
〔註98〕所謂的「風頭」，是指台灣的西部及西南沿海，每年從中秋直到隔年清明，冷冽強勁的東北季風，足以吹垮包括意志在內的任何事物。稻子被吹彎了腰，一年只能一作：畜養的鴨鵝，一不小心就會從寮棚被吹出外海。而「水尾」則是因爲此地地處大甲溪、大肚溪、濁水溪、曾文溪等台灣幾條主要的河川，幾乎都從西海岸出海。河道變遷無常，旱季缺雨，無能灌溉；雨季又水量暴增，造成沿岸水患。
〔註99〕見呂赫若〈風頭水尾〉，原文爲日文，發表在《台灣時報》二十七卷八號，1945

呂赫若在小說中，敘述了這群墾戶們如何和環境作鬥爭，他們在開墾者洪天福的帶領下，逐漸掌握開墾的要領。

> 海邊的開墾，首先就是要種草。〔註100〕

> 藉著種這些草，當海水來時，海濱的土才不會被沖走。不僅如此，
> 由於能留住泥土，海濱的土逐漸變高，最後變成浮洲。〔註101〕

環境惡劣，開墾的苦，讓許多墾戶吃不消。許多招募來的臨時工都做不久就藉故辭退，為了讓大家能在辛苦之餘能夠有一些休閒活動，還請人來這裡說書，提供娛樂，只希望大家能堅持下去。

> 開墾當初，小工逃跑了，真是苦不堪言。難以忍受寂寞。當時也和
> 現在不同，沒有一草一木，眼中所看到的都是海邊……為了留住他
> 們，夜裡請說書人來講古，種植落花生供大家晚上喝酒享用。〔註102〕

新到的墾戶徐華設宴招待鄰居們，大家都因為客氣而不好意思到，讓徐華得親自一一去請，等大家到了之後，卻都不好意思動大菜，他們謙讓的舉動讓徐華著實不知如何是好。環境不好，大家都不好意思讓徐華太破費。

> 不管徐華如何勸他夾菜，它的筷子始終不去夾菜餚，只吃了兩碗湯
> 圓就擱下筷子。由於師父沒有舉箸，農夫們也客氣，……大家還是
> 拘謹的吃完這頓飯，主要的大菜幾乎都原封不動。〔註103〕

小說的最後，宴會結束，大家各自回去，而徐華也得到許多大家傳給他的經驗，雖然環境惡劣，但他對未來在這塊「風頭水尾」地的日子卻是充滿的希望。

> 明天要早起，雞一鳴，就打算去田裡。……無法按捺住喜悅之情，
> 黑暗中，忍不住露出笑容。〔註104〕

呂赫若在小說裡，對於環境的壓迫，他採取積極的態度來描繪著，不管目前情況多惡劣，大家已經找到了克服壓迫的一絲方法，而這個笑容，便是對未知的未來，展現出來的一種樂觀以對的態度。

年8月出版：中文譯本採林至潔的譯本《呂赫若小說全集》（下），頁602，印刻出版有限公司，2006年3月初版。
〔註100〕見呂赫若〈風頭水尾〉，林至潔譯《呂赫若小說全集》（下），頁606。
〔註101〕見呂赫若〈風頭水尾〉，林至潔譯《呂赫若小說全集》（下），頁606。
〔註102〕見呂赫若〈風頭水尾〉，林至潔譯《呂赫若小說全集》（下），頁613。
〔註103〕見呂赫若〈風頭水尾〉，林至潔譯《呂赫若小說全集》（下），頁611。
〔註104〕見呂赫若〈風頭水尾〉，林至潔譯《呂赫若小說全集》（下），頁614。

第四節　小結

　　一九三七年至一九四五年間，日本官方加強工業建設，意圖將台灣從農業導向升級為工業導向，成為日本的「南進基地」，在此時台灣的工業建設，尤其是重工業，得到了極大的進展，這是台灣產業上第一次工業產值高過農業產值。

　　除了工業化外，因應戰爭時期的人力需求，為了讓台灣人能死心踢地的拋棄自己漢人的身分，能真正的為帝國奉獻，日本也積極地展開強制性的皇民化，希望能改變台灣人的民族認同，真心為的帝國效力。雖然知識份子多數能理解官方的想法而各有對策，虛與委蛇，但在日本殖民超過三十年的情況下，教育的普遍化下，年輕一代的台灣人已經漸次的習慣自己的日本人身分，日語和日本式的生活也逐漸在台灣普及化，從台灣志願兵徵募的踴躍上可以看出年輕一代台灣人的國家認同已逐漸轉向，台灣人所不平的，只是地位上的不平等，而非是國族的認同。

　　一九三七年漢文欄廢止後，僅存的漢文刊物已經無法供給足夠的發表園地給漢文作家們，漢文作家們有的退出新文學舞台，有的轉而投向舊體漢詩的懷抱，僅剩日文作家們獨撐臺灣新文學的大旗。然而，在戰爭氛圍中，官方管制趨嚴下，言論的尺度也大幅緊縮，左翼作家們不但無法暢所欲言，連暗度陳倉的方式也幾乎不被允許，只能被迫從悲憤的控訴，轉為現況的妥協，甚至必須接受官方的動員到各地去參訪以撰寫能夠激勵民心士氣的作品，楊逵將批判的文字轉成了對現實的描繪而藏匿了評論，龍瑛宗則採取了柔性書寫的方式，用細膩的筆觸表達出台灣人的情感與被殖民下的挫傷，呂赫若則將重點放在女性與家族的描繪上，總體而言，他們的文學表現和一九三七年以前的作品相比，呈現出截然不同的風格，批判社會的文字被適應環境的文字所取代，將社會的希望期許在不確定的未來，期許著戰爭結束，期許著社會進步。怎知，隨著戰爭結束後而來的「祖國」，帶給臺灣文學界的，是有過之而無不及的管制與欺壓。

第五章　結　論

第一節　研究發現

日治時期臺灣新文學的發展，伴隨著教育的推展與社會文化運動的蓬勃，隨著都市化與現代化，台灣產業勞動力逐漸從農業流向了工業。勞工階級的普遍出現象徵著台灣經濟活動的轉型，勞工小說的書寫也隨著社會發展開始成為重要的焦點，大致可分為三個時期：

一、開拓期（1923 年～1931 年 9 月台共大逮捕）

配合新文學的發展與社會運動的蓬勃，這時期的勞工小說批判力道最強，控訴直指殖民政權與資本家對勞工的權利壓迫，並對女性的在工作環境與性別上受歧視的處境持續關切，發表場域主要集中在《臺灣民報》系列，但隨著執政者對社會運動的打壓逐漸增強，以及經濟大恐慌造成的景氣衰退，到一九三一年九月以後社會運動者被官方逮捕殆盡，而勞工小說原先的批判性也逐漸轉變成對無業者的關心。

二、興盛期（1931 年 9 月台共大逮捕～1937 年 4 月漢文欄廢止）

這個時期除了《臺灣新民報》外，新文學雜誌《南音》開啓了新文學雜誌的興盛期，大量的發表舞台造就了一批新人小說家如王詩琅、朱點人、楊逵、呂赫若等人的嶄露頭角，加上原先的小說家們，共同造就了日治時期勞工小說的黃金時代。然而在社會運動風潮的衰退與執政者的打壓下，小說中對執政者的批判力道已不如以往，焦點則集中在對中下階層勞工的生活困境，以凸顯貧富不均的現象。

三、轉型期（1937 年 4 月漢文欄廢止～1945 年終戰）

因為戰爭的擴大與皇民化運動的加強，官方禁止了漢文的使用，漢文小說家退出臺灣新文學的舞台，剩下日文小說家獨挑大樑，而在官方的控制下，勞工小說筆下的勞動者，順應環境生活，接受壓迫與剝削，尋求著能夠溫飽的生存之道。戰爭尾聲，小說家們甚而被動員，寫出了歌頌戰爭的奉獻的作品，為日治時期勞工小說留下了迥異於前期寫實風格的句點。

在戰後，因為接收台灣的國民政府對於共產主義和工農兵文學的恐懼，加以白色恐怖的盛行，作家們多半選擇噤聲，勞工小說的發表趨於消極。勞工小說再次活躍在臺灣文學的舞台上，已經是一九七○年代的事了。

第二節　研究限制與建議

因為日治時期的審查與管制，加上戰後國民政府對台灣本土資源的漠視，甚至是刻意醜化與漠視日治時期日本在台灣推動的建設，相關文史資料只由少數重視本土文化的學者耆老們自發性珍藏，在解嚴後臺灣文學才逐步發揚擴展，然而數十年的空白，許多資料早已亡佚，如重要的《臺灣新民報》蒐整不全，《伍人報》、《赤道報》、《洪水報》、《明日》等左翼雜誌也未出土或蒐整不全，仍待有朝一日相關資料能重現，以補足這段勞工文學的空白。

參考資料

一、文獻史料

1. 大眾時報社,《台灣大眾時報》周刊 1～10 期,1928 年 3 月 24 日～7 月 9 日,(台北,南天,1995 年 8 月覆刻本)。

2. 臺南新報社,《台南新報》日刊,現存 1921～1937 年份,(台南,國立台灣歷史博物館,2009 年 6 月)。

3. 台灣大眾時報社,《新台灣大眾時報》月刊 1～5 期,1930 年 12 月～1931 年 7 月,(台北,南天,1995 年 8 月覆刻本)。

4. 臺灣文藝臺灣文藝作家協會,《臺灣文學》月刊,一卷 2 期、3 期、二卷 1 期,1931 年 10 月、11 月,1932 年 1～2 月。

5. 臺灣文藝臺灣文藝協會,《先發部隊》,1934 年 7 月 15 日,(《新文學雜誌叢刊》卷二,1981,東方文化書局復刻本)。

6. 臺灣文藝臺灣文藝協會,《第一線》,1935 年 1 月 6 日,(《新文學雜誌叢刊》卷二,1981,東方文化書局復刻本)。

7. 臺灣文藝臺灣文藝聯盟,《臺灣文藝臺灣文藝》月刊 1～15 號,1934 年 11 月～1936 年 8 月,(《新文學雜誌叢刊》卷三～卷五,1981,東方文化書局復刻本)。

8. 臺灣新文學社,《臺灣新文學》月刊 1～10 號,1935 年 12 月 28 日～1937 年 6 月,(《新文學雜誌叢刊》卷六～卷七,1981,東方文化書局復刻本)。

9. 台灣青年雜誌社,《台灣青年》月刊 1～19 號,1920 年 7 月～1922 年 2 月,(1973,東方文化書局復刻本)。

10. 台灣雜誌社,《台灣》月刊 1～19 號,1922 年 4 月～1923 年 10 月,(1973,東方文化書局復刻本)。

11. 台灣雜誌社，《臺灣民報》《臺灣新民報》1～410 期，1923 年 4 月～1932 年 4 月，（1973，東方文化書局復刻本）

12. 台灣總督府警務局，《台灣總督府警察沿革誌第二篇　領台以後的治安狀況（中卷）台灣社會運動史 1913～1936》一～五冊（台北，海峽學術出版社重譯本，2006）。

13. 南音社，《南音》半月刊 1～11 號，1932 年 1 月～9 月，（《新文學雜誌叢刊》卷一，1981，東方文化書局復刻本）。

14. 赤崁勞働青年會，《反普特刊》，1930 年 9 月 4 日。

15. 赤道報社，《赤道報》旬刊，第二號／第四號，1930 年 11 月 15 日／12 月 19 日。

16. 洪水報社，《洪水報》旬刊，創刊號／第三號，1930 年 8 月 21 日／9 月 11 日。

二、專書

1. 大衛・洛吉著，李維拉譯，《小說的五十堂課》，（台北，木馬文化，2006 年 12 月初版）。

2. 井出季和太著，郭輝編譯，《台灣治績志》一～三冊，（台北，海峽學術出版社，2003）。

3. 中島利郎，《一九三〇年代臺灣鄉土文學論戰資料彙編》，（高雄，春暉，2003）。

4. 史明，《臺灣人四百年史（上）》，（台北，草根，1998）。

5. 矢內原忠雄著周憲文譯，《日本帝國主義下之台灣》，（台北，海峽學術出版社，2002 年一月二版）。

6. 羊子喬、陳千武編，《光復前臺灣文學全集》新詩卷 9～12 冊，（台北，遠景，1982 年 5 月初版）。

7. 吳文星，《日據時期臺灣社會領導階層之研究》，（台北，正中，1992）。

8. 李筱峰，《台灣史》，（台北，華立，2005 年 4 月）。

9. 李南衡編，《日據下臺灣新文學・明集》1～5 冊，（台北，明潭，1979 年 3 月初版）。

10. 李喬著，《小說入門》，（台北，大安，2002 年 9 月一版三刷）。

11. 東嘉生著，周憲文譯，《台灣經濟史概說》，（台北，海峽學術出版社，2000 年）。

12. 周憲文著，《台灣經濟史》，（台北，台灣開明書局，1981 年 5 月初版）。

13. 孟樊著，《論文寫作方法與格式》，（台北，威士曼，2009 年 9 月初版二刷）。

14. 韋勒克著，王夢鷗譯，《文學論——文學研究方法論》，（台北，志文，1996年11月再版）。

15. 涂照彥，《日本帝國主義下的台灣》，（台北，人間，2008年三月初版五刷）。

16. 黃通、張宗漢、李昌槿合編，《日據時代台灣之財政》，（台北，聯經，1997年一月初版）。

17. 張宗漢著，《光復前台灣之工業化》，（台北，聯經，1980年5月初版）。

18. 陳碧月著，《小說欣賞入門》，（台北，五南，2005年9月初版）。

19. 陳建忠等，《台灣小說史論》，（台北，麥田，2007年6月二版）。

20. 陳芳明著，《左翼台灣——殖民地文學運動史論》，（台北，麥田，1998年）。

21. 許俊雅著，《日據時期台灣小說》，（台北，文史哲出版社，1999年9月出版二刷）。

22. 張恆豪編選《台灣作家全集·戰前篇》1～10冊，（台北，前衛，1991年2月初版）。

23. 陳昭瑛，《臺灣文學與本土化運動》，（台北，正中，1998年）。

24. 陳建忠，《日據時期台灣作家論：現代性、本土性、殖民性》，（台北，五南，2004年）。

25. 翁聖峯，《日據時期臺灣新舊文學論爭新探》，（台北，五南，2007年一月初版）。

26. 愛德華·摩根·佛斯特著，蘇希亞譯，《小說面面觀——現在小說寫作的藝術》，（台北，城邦，2009年1月初版）。

27. 楊守愚著、施懿琳編，《楊守愚作品選集》上下集，（彰化縣立文化中心，1995年6月）。

28. 楊守愚著、許俊雅編，《楊守愚作品選集》補遺，（彰化縣立文化中心，1998年12月）。

29. 楊守愚著、許俊雅、楊洽人編，《楊守愚日記》，（彰化縣立文化中心，1998年12月）。

30. 橫路啓子著，《文學的流離與回歸——三〇年代鄉土文學論戰》，（台北，聯合文學，2009年10月初版一刷）。

31. 鍾肇政、葉石濤編，《光復前臺灣文學全集》小說卷1～8冊，（台北，遠景，1981年10月再版）。

三、期刊與研討會論文

1. 宋冬陽，〈先人之血，土地之花——日據時代臺灣左翼文學運動的發展背景〉，《臺灣文藝臺灣文藝》88 期，1984 年 5 月號，頁 6～22。

2. 吳叡人，〈臺灣非是臺灣人的臺灣不可——反殖民鬥爭與臺灣人民族國家的論述（1919～1931）〉，《民族主義與兩岸關係》（台北：新自然主義公司，2001），頁 43～109。

3. 林瑞明，〈日本統治下的臺灣新文學——文學結社及其精神〉，台北，文訊，1987 年 4 月號，頁 35～50。

4. 星名宏修著，莫素微譯，〈從一九三〇年代之貧困描寫閱讀複數的現代性〉，《臺灣文學學報》第 10 期，2007 年 6 月，頁 111～130。

5. 張靜宜，〈日治末期台灣經濟之發展〉，台灣省諮議會編印，2004 年 4 月

6. 翁聖峰，〈日治時期臺灣「女車掌」文學與文化書寫〉，《文史台灣學報》第 1 期，2009 年 11 月，頁 207～246。

7. 翁聖峰，〈日治時期職業婦女題材文學的變遷及女性地位〉，《台灣學誌》第一期，2010 年 4 月，頁 1～31。

8. 崔末順，〈日據時期台灣左翼文學運動的形成與發展〉，《臺灣文學學報》第 7 期，2005 年 12 月，頁 149～172。

9. 黃慧鳳，〈日治時期臺灣文學中的勞工形象〉，《台灣文獻》55 卷 1 期，2004 年 3 月，頁 239～272。

10. 陳凌，〈日治台灣左翼文學的意涵與紀事〉，《淡水牛津臺灣文學研究期刊》第 3 期，2000 年 8 月，頁 9～18 黃慧鳳，〈蔡秋桐小說之研究——日殖民下的文本呈現〉，《問學集》11 期，2002 年 6 月號，頁 231～250。

11. 陳培豐，〈日治時期台灣漢文脈的漂流與想像——帝國漢文、殖民地漢文、中國白話文、台灣話文〉，《台灣史研究》15 卷 4 期，2008 年 4 月，頁 31～86。

12. 劉鶯釧，〈日治時期台灣勞動力試析——1905～1944〉，《經濟論文叢刊》23 卷 3 期，1995 年 9 月，頁 317～355。

四、學位論文

1. 李文卿，〈殖民地作家書寫策略研究——以皇民化運動時期《決戰台灣小說集》爲中心〉，（南投，暨南大學中文所碩士論文，2000 年）。

2. 吳淑馨，〈陳虛谷及其文學研究〉（雲林，雲林科技大學漢學資料整理碩士班碩士論文，2008 年）。

3. 周佩雯，〈楊守愚及其作品之研究——以小說與新詩爲中心〉（台北，文化大學日本研究所碩士論文，2000 年）。

4. 林銘章,〈朱點人小說及其文學活動研究〉(台南,南華大學文學系碩士論文,2009 年)。

5. 黃琪椿,〈日治時期臺灣新文學運動與社會主義思潮之關係初探(1927～1937)〉(新竹,清華大學文學所中文組碩士論文,1993 年)。

6. 黃秀雲,〈朱點人及其作品研究〉(台北,師範大學台灣文化及語言文學研究所在職進修碩士班,2012 年)。

7. 崔末順,〈現代性與臺灣文學的發展(1920～1949)〉(台北,政治大學中文所博士論文,2004 年)。

8. 陳有財,〈日治時期臺灣文學左翼系譜之考察〉(嘉義,中正大學台文所碩士論文,2007 年)。

9. 陳允元,〈島都與帝都——二、三○年代臺灣小說的都市圖象(1922～1937)〉(台北,台灣大學臺灣文學研究所碩士論文,2007 年)。

10. 陳冠宇,〈王詩琅小說研究〉(台南,南華大學文學系碩士論文,2008 年)。

11. 趙勳達,〈《臺灣新文學》(1935～1937)的定位及其抵殖民精神之研究〉(台南,成功大學台文所碩士論文,2003 年)。

12. 趙勳達,〈「文藝大眾化」的三線糾葛——一九三○年代台灣左、右翼知識份子與新傳統主義者的文化思維及其角力〉(台南,成功大學台文所博士論文,2009 年)。

13. 廖偉程,〈日治台灣殖民發展中的工廠工人 1905～1943〉(新竹,清華大學歷史所碩士論文,1994 年)。

14. 謝美娟,〈日治時期小說裡的農工書寫——以賴和、楊逵和楊守愚為中心〉(台中,中興大學台文所教碩專班碩士論文,2009 年)。

15. 蘇世昌,〈1920～1937 台灣新知識份子思想風貌研究〉(新竹,清華大學中文所博士論文,2008 年)。

16. 嚴小實,〈楊守愚生平及其作品研究〉(台中,靜宜大學中文所碩士論文,2001 年)。

五、網路與多媒體資源

1.《臺灣新民報》1933 光碟版,(台南,國立文化資產保存中心籌備處,2001 年)。

2. 大鐸資訊《臺灣日日新報》資料庫:http://hunteq.com/ddn.htm。

3. 漢珍圖書《臺灣日日新報》資料庫:http://smdb.infolinker.com.tw。

4. 漢珍圖書《臺灣時報》資料庫:http://tbmc.infolinker.com.tw/twjihoapp/start.htm。

5. 日治時期期刊全文影像系統：/http://stfj.ntl.edu.tw/cgi-bin/gs32/gsweb.cgi/login?o=dwebmge。

6. 台灣日治時期統計資料庫：http://tcsd.lib.ntu.edu.tw/tcsca/tadels_browse/browse.php。

7. 台灣維基百科：http://zh.wikipedia.org/zh-tw/Wikipedia:%E9%A6%96%E9%A1%B5。

8. 台灣好、文學網：http://deptitl.ccu.edu.tw/literaturetaiwan/。

9. 全國法規資料庫：http://law.moj.gov.tw/index.aspx。

10. 《臺灣總督府公文類纂》數位化檔案資料 https://sotokufu.sinica.edu.tw/sotokufu/。

11. 《臺灣總督府（官）報》資料庫：http://db2.lib.nccu.edu.tw/view/index.php。

12. 歷史文化學習網：http://culture.edu.tw/index.php。

13. 讀賣新聞數位資料庫（1874～2010）：https://database-yomiuri-co-jp.aleph.lib.ntue.edu.tw/rekishikan/。

附　錄：論文所引用的新文學勞工小說出處一覽表

篇　名	作者／筆名	原發表刊物	刊出日期	描寫對象	備　註
賢內助	趙經世	臺灣民報一卷一號	1923～4／15	收破爛	
一桿秤仔	賴和	臺灣民報N92～93	1926～2／4、2／21	農工	
恭喜	鄭登山	臺灣民報N189	1928～1／1	郵差臨時工	
無處申冤	陳虛谷	臺灣民報N213～216	1928～6～7	小工	
秋菊的半生	楊雲萍	臺灣民報N217	1928～7／15	婢女	
夜聲	太平洋	臺灣民報N249	1929～2／24九版	家庭手工編草帽	
生命的價值	楊守愚	臺灣民報N254～256	1929～3／31	女工	
凶年不免於死亡	楊守愚	臺灣民報N257～259	1929～4	農工、女工	
賣人	陳雪江（中）	臺灣民報N265～266	1929～6／16，23九版	童養媳	

篇　名	作者／筆名	原發表刊物	刊出日期	描寫對象	備　註
死嗎	秋生	臺灣民報 N279～N283	1929～ 9／22，29 10／3，13， 20 九版	童養媳 妓女 下女	
誰害了她	楊守愚	臺灣民報 N304～305	1930～ 3／15，22 九版	女農工	
顛倒死？	楊守愚	臺灣新民報 N321	1930～7／12 九版	小販	
過年	楊守愚	臺灣新民報 N345～346	1931～ 1／1，10 二十一版，十 版	失業者 洗衣工	
女丐	翔 （守愚）	臺灣新民報 N346～347	1931～ 1／10，17 十版	妓女	
一個晚上	村老 （守愚）	臺灣新民報 N354～355	1931～ 3／7，14 十版	工會	
元宵	楊守愚	臺灣新民報 N357～358	1931～ 3／28～4／4 十版	農工	
鬥！	夢華	臺灣新民報 N357～360	1931～3／28 ～4／4，11， 18 十版	油炸儈童販	
一群 失業的人	楊守愚	臺灣新民報 N360～362	1931～ 4／18，25～5 ／2 十版	失業者	
可憐她死了	安都生 （賴和）	臺灣新民報 N363～367	1931～ 5／9，16， 23，30 6／6　十版	童養媳 罷工者	

篇　名	作者／筆名	原發表刊物	刊出日期	描寫對象	備　註
流氓	孤峯	臺灣新民報 N368～370	1931～6／13，20，27 十版	印刷工	
可憐的 老車夫	SM 生	臺灣新民報 N370	1931～6／27 十一版	人力車夫	
阿枝的故事	林克夫	臺灣新民報 N384～386	1931～10／3，10，17 十版	印刷工	
歸家	懶雲 （賴和）	南音 一卷一期	1932～1／1	失業者	
島都	朱點人	臺灣新民報 N400～403	1932～1／30 ～2／6，13，20 十版	菸草工廠 工人	
罰	翔 （守愚）	臺灣新民報 N402～403	1932～ 2／13，20 十版	人力車夫	
瑞生	靜香軒主人 （守愚）	臺灣新民報 N404～406	1932～2／27 ～3／5，12 十版	失業者	
擦鞋匠	赤子	南音 一卷 三期四期 九十期合刊	1932～2／1 2／15、7／25	擦鞋匠	
失敗	自滔	南音 一卷十二號	1932～2／3	工人、小販	
其山哥	陳賜文	臺灣新民報 N408～410	1932～3／26 ～4／2，9 十版	工人	
夜雨	王詩琅	第一線	1934～11／9	印刷工	
到城市去	林越峰	臺灣文藝 創刊號	1934～ 11／15	鞋匠、人力車 夫	

篇　名	作者／筆名	原發表刊物	刊出日期	描寫對象	備　註
牛車	呂赫若	文學評論 二卷一號	1935～1	牛車夫	
一個勞働者 的死	楊華	臺灣文藝 二卷二號	（1924 脫稿） 1935～2／1 刊	鐵工廠工人	
難產	楊逵	臺灣文藝 二卷一號～ 四號	1934／12 1935／04	失業者 縫紉小工	
鮮血	張慶堂	臺灣文藝 二卷九號	1935～9／24	人力車夫	
赤土與鮮血	楊守愚	臺灣新文學 創刊號	1935～ 12／28	道路工人	
年關	張慶堂	臺灣新文學 一卷四期	1936～5／4	人力車夫	
水月（日）	吳濁流	臺灣新文學 二卷三期	1936～3	農場雇員	
脫穎	朱點人	臺灣新文學 一卷十號	1936～12／5	銀行工友	
悽慘譜	黃有才	臺灣新文學 一卷十號	1936～12／5	礦工	
鴛鴦	楊守愚	臺灣新文學 一卷十號	1936～12／5	糖廠工人	
十字路	王詩琅	臺灣新文學 一卷十號	1936～12／5	工友	
三更半暝	鄭明	臺灣新文學 一卷十號	1936～12／5	司機	
宵月	龍瑛宗	文藝首都 八卷七期	1940～7	教師	
藍衣少女	呂赫若	台灣藝術 一卷一號	1940～3	教師	
一個不幸的 兒童	夢痕	南方 123 期	1941～2／1	賣油條小販	

篇　名	作者／筆名	原發表刊物	刊出日期	描寫對象	備　註
環境	蔚然	南方 131 期	1941～6／1	印刷工	
貘	龍瑛宗	日本の風俗四卷十期	1941～10／1		
財子壽	呂赫若	臺灣文學二卷二期	1942～4／28	長工、婢女	
不為人知的幸福	龍瑛宗	文藝台灣四卷六期	1942～9～20	幫傭、裁縫	
某個女人的紀錄	龍瑛宗	台灣鐵道 N364	1942～10／30	婢女	
青雲	龍瑛宗	青年之友 125～129 期	1942～11／1 1943～3／5	幫傭、通信事務員、駕駛員	
鵝媽媽出嫁	楊逵	台灣時報 N274 號	1942～10	花農	
山川草木	呂赫若	臺灣文藝創刊號	1944～5	自耕農	
增產之背後——老丑角的故事	楊逵	臺灣文藝一卷四號	1944～6	礦工	
在雲中	張文環	臺灣文藝一卷五號	1944～11	伐木工	
風頭水尾	呂赫若	台灣時報廿七卷八號	1945～8	開墾